Cahier d'exercices écr[its]
de laboratoire

LE FRANÇAIS
Départ-Arrivée

FOURTH EDITION

John A. Rassias

Dartmouth College

Jacqueline de La Chapelle Skubly

Housatonic Community College

Joel D. Goldfield

Fairfield University

with **Kathleen Kinnaman**

Illustrations by Jo Anne Conroy and Claude Martinot

Dartmouth College Press
Published by University Press of New England,
One Court Street, Lebanon, NH 03766
www.upne.com
© 2008 by The Rassias Method
Originally published in 1992 by Heinle & Heinle Publishers
Printed in the United States of America
5 4 3 2 1

Library of Congress Control Number: 2008929196

Table des matières

EXERCICES DE LABORATOIRE

Préface

This *Student Workbook/Laboratory Manual* supplements the main textbook in two ways: (1) it presents valuable information that does not appear in the textbook, such as **Synonymes et expressions approximatives, Prononciation,** and **Mots problématiques,** and (2) it provides additional challenging exercises, activities, puzzles, and games that continue the language-learning process outside the classroom. It contains exercises to be completed both at home and in the language laboratory. This material will allow you to review, to verify your comprehension of the concepts in each chapter, and to expand your knowledge through the acquisition of new material.

EXERCICES ECRITS

The first section contains the *Exercices écrits.* Here the **Synonymes et expressions approximatives** for key words in the main **Scénarios** are presented. This section builds interest in contemporary usage and vocabulary by introducing colloquial and standard words and phrases that vary and expand the meaning of descriptions in the **Scénarios.** This feature, along with **Prononciation,** was a mainstay in the first, second, and third editions. They appear in their present form to give them a more prominent role in the homework and self-instructional phases. You are to rewrite each sentence, substituting one of the terms in the original **Scénario** by one of the synonyms or approximate expressions of a particular chapter.

Immediately after the **Synonymes et expressions approximatives,** a variety of exercises verify your understanding of each of the grammatical points discussed in each chapter, using exercises that require rewriting, fill-ins, applications of various types dealing with personal issues, making up short stories, identifying illustrated vocabulary, providing answers to questions, writing original material and compositions, etc.

Prononciation and Mots problématiques

The pronunciation exercises that also appeared in the first and second editions have also been moved to this *Workbook* and occupy the first ten chapters. Subsequent chapters contain **Mots problématiques** (*Problem words*), which provide additional vocabulary for each chapter in a self-instructional mode. In most cases these words have the same English equivalents, but are not interchangeable.

Mots croisés

At the end of each chapter you will find crossword puzzles (**Mots croisés**). Most clues are given in French to provide additional context and opportunities for increasing reading comprehension and reviewing the chapter's materials. Clues given in English are given for practice with translation or where appropriate clues in French would have been too difficult for the linguistic competency assumed for that chapter. Some suggestions for usage:

1. Use a pencil initially. You will probably erase and rewrite frequently. Later you may want to write over your answers in pen to make them more legible for your instructor.

2. Use capital letters without accent marks.

3. Try to achieve continuity by doing each section separately; for instance, try to complete the "across" (**horizontalement**) section first, and then go on to the "down" (**verticalement**) section next. Skip over answers you do not know on the first round, then go back. Look through the chapter for words or clues to help you. Use the text's glossary or a dictionary. The position of words you've completed will help you guess successfully with other clues.

4. Omit punctuation. However, for teaching purposes, most hyphens have a space.

EXERCICES DE LABORATOIRE

The second part is the *Exercices de laboratoire (Laboratory Manual)*. Here you have the opportunity to listen to the **Scénarios** and to repeat after the native speakers. Please pay particular attention to pronunciation and intonation. Listening comprehension is checked in a variety of ways. For instance, the **Allons encore plus loin** sections are essentially **Micrologues** on a variety of subjects, including brief biographies of famous people, including one fictional character; a description of a Sunday in Provence; synopses of the plots of important novels and plays, including an analysis of a symbolist play; a description of a literary and philosophical salon, and real-life situations. The **Micrologue** is a proven technique for acquiring language in a live mode, encouraging students in many areas to adapt the formulas to their personal use. Listen carefully as each passage is read twice. You may not understand every word, but you should be able to follow the story line. Immediately after the story has been read, you will hear a variety of questions on major points of each passage.

JAR
JdeLCS
JDG

Exercices écrits

CHAPITRE PRELIMINAIRE

EXERCICES ECRITS

A. Au contraire. Imagine that you are in a contrary mood. Respond in French to each command or comment by writing a command or comment that means the opposite.

1. Fermez la porte! _____

2. Asseyez-vous! _____

3. Tournez à gauche! _____

4. Bonjour! _____

5. Marchez tout droit! _____

6. Ouvrez le livre! _____

B. Le genre. Use the rules on page 4 of your text to determine if each noun is **masculin** (m) or **féminin** (f).

1. gâteau   m   f
2. compétition   m   f
3. instant   m   f
4. projet   m   f
5. roulette   m   f
6. personnalité   m   f
7. éducation   m   f
8. immigrant   m   f
9. tableau   m   f
10. bouquet   m   f

C. Mots croisés.

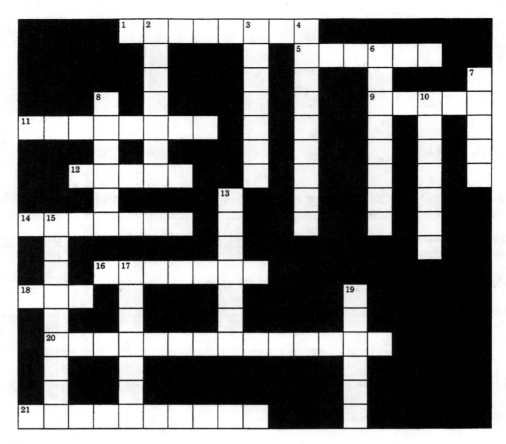

HORIZONTALEMENT

1. A shorter period than implied in **au revoir**
5. _____ la bouche (*mouth*).
9. Fermez la _____.
11. Longer than **à tout à l'heure**
12. A pound (*f.*) or a book (*m.*)
14. Allez tout droit!
16. Walk!
18. Tone or « your » (*m. sing.*)
20. Wake up!
21. Stand up!

VERTICALEMENT

2. Opposite of **Au revoir**
3. _____ à droite.
4. Straight ahead
6. _____, s'il vous plaît (*RSVP*).
7. —_____. — De rien.
8. —Merci. — _____.
10. _____ plus fort!
13. Window
15. Where bicyclists race (French and English)
17. Stop!
19. Opposite of **droite**

CHAPITRE 1 *Le départ*

EXERCICES ECRITS

VOCABULAIRE

A. Synonymes et expressions approximatives. Study the following **synonymes et expressions approximatives.** Then complete each conversation by substituting an appropriate new term for the term in italics.

de camarades = d'amis/d'amies, de copains/de copines = de jeunes gens
pendant cette expérience française = pendant ce séjour en France, durant ce séjour en France
vous êtes malade = vous allez mal, vous êtes souffrant(e)
le repas = le déjeuner (*lunch*); le dîner (*dinner*) (déjeuner = *to have lunch*;
dîner = *to have dinner*; manger = *to eat*)
je suis fatigué(e) = je suis épuisé(e), je suis crevé(e),° je suis à plat°
d'accord = d'acc; O.K.
à tout à l'heure = à bientôt

1. ALICE: As-tu beaucoup *d'amis?*

   BERTRAND: Oui, j'ai beaucoup _____.

2. SERGE: Vous allez apporter *le repas?*

   L'HOTESSE: Oui, voici _____.

3. MARCEL: Vous êtes *fatigué*, monsieur?

   M. DUPONT: Oui, je suis _____.

4. CAROLINE: Merci et *à tout à l'heure!*

   CATHERINE: _____!

5. VICTOR: Je vais dormir après le film, *d'accord?*

   JEAN-PAUL: _____.

6. L'HOTESSE: Est-ce que vous *êtes malade*, monsieur?

   M. PEPIN: Oui, je suis _____.

7. LE STEWARD: Où allez-vous *pendant cette expérience française?*

   LES ETUDIANTS: _____ nous allons à Aix-en-Provence.

° Words followed by a degree sign in our workbook are slang and should be used with discretion.

EE-3

GRAMMAIRE

Les pronoms personnels sujets

B. Dans l'avion. To tell where everyone is, rewrite each sentence, changing the nouns and names in italics to subject pronouns.

Modèle: *L'hôtesse* apporte les écouteurs.
Elle apporte les écouteurs.

1. *Henry et Suzanne* sont en France. _____

2. *André* est dans l'avion. _____

3. *Marie et Pauline* vont à Paris. _____

4. *Jacques et Paul* voyagent ensemble. _____

5. *L'hôtesse et le monsieur* apportent les écouteurs. _____

6. *Caroline* est contente. _____

Le verbe irrégulier *être*

C. Ça va? Bertrand and Nicolas are discussing how they and their friends are doing. To create Nicolas's responses, ask questions using the cues in parentheses.

Modèle: BERTRAND: Tu es fatigué. (Antoine)
NICOLAS: **Antoine est fatigué aussi, n'est-ce pas?**

1. BERTRAND: Je suis crevé. (Patrick)

   NICOLAS: _____ aussi, n'est-ce pas?

2. BERTRAND: Nous sommes malades. (Jeanne et Guy)

   NICOLAS: _____ aussi, n'est-ce pas?

3. BERTRAND: Jérôme est content. (Tu)

   NICOLAS: _____ aussi, n'est-ce pas?

4. BERTRAND: André et Alphonse sont intéressants. (Nous)

   NICOLAS: _____ aussi, n'est-ce pas?

5. BERTRAND: Vous êtes fatigué. (Je)

   NICOLAS: _____ aussi, n'est-ce pas?

6. BERTRAND: Tu es souffrant. (Etienne) (m.)

   NICOLAS: _____ aussi, n'est-ce pas?

Le verbe irrégulier *aller*

D. Les voyages. Tell where each person is going by using the correct form of the verb **aller** and the country indicated on the map on the top of page 5.

1. Tu _____.

2. Nous _____.

3. Je _____.

4. Robert et Henry _____.

5. Vous _____.

6. Elle _____.

7. Ils _____.

8. Jean-Claude _____.

E. Une conversation. Complete the conversation with the logical choice and correct, logical forms of the verb **être** or **aller**. Read through the entire dialogue before writing your answers.

ALAIN: Où _____ l'hôtesse?

MARC: Elle _____ avec Michèle. Elles _____

dans l'avion.

ALAIN: Et Louis et Bernard?

MARC: Ils _____ dans l'aéroport.

ALAIN: Où est-ce qu'ils _____?

MARC: A Londres.

ALAIN: Et où _____-tu?

MARC: Moi, je _____ aussi à Londres.

ALAIN: Est-ce que tu _____ content de voyager avec eux?

MARC: Bien sûr, je _____ très content! Nous _____

des voyageurs formidables!

Les articles définis et indéfinis

F. Le vol. What would you expect to see on a flight to France? First complete the list by filling in the correct indefinite articles (**un, une, des**). Then circle the items you would *not* expect to find.

1. _____ dîner allemand
2. _____ assiette
3. _____ film en espagnol
4. _____ stylo
5. _____ familles
6. _____ steward
7. _____ classe
8. _____ avion
9. _____ amis

10. _____ demoiselles
11. _____ tableau
12. _____ groupe d'étudiants
13. _____ hôtesse de l'air
14. _____ drapeau
15. _____ écouteurs
16. _____ dame
17. _____ aéroport
18. _____ salle de classe

Interrogations

G. Une passagère nerveuse. Brigitte, who doesn't like to fly, is nervously asking questions of her seatmate Henri. To formulate each of her questions, consider Henri's response and use **est-ce que.**

Modèle: BRIGITTE: **Est-ce que les passagers sont contents?**
HENRI: Oui, les passagers sont contents.

1. BRIGITTE: _____
HENRI: Oui, l'hôtesse est là.

2. BRIGITTE: _____
HENRI: Oui, le pilote est français.

3. BRIGITTE: _____
HENRI: Oui, il s'appelle Jérôme.

4. BRIGITTE: _____
HENRI: Oui, elle apporte le dessert.

5. BRIGITTE: _____
HENRI: Oui, Robert et Janine voyagent ensemble.

6. BRIGITTE: _____
HENRI: Oui, je suis très fatigué.

H. Bavardez. Elisabeth has been seated next to one of those passengers who won't stop asking questions. Each time she makes a comment, he asks for more information. To formulate his questions, use inversion and replace the words in italics with the words in parentheses.

Modèle: Elle apporte *le menu.* (le dessert)
       Apporte-t-elle le dessert?

1. Il va à Paris *maintenant.* (immédiatement)

   _____

2. Elle est *contente.* (fatiguée)

   _____

3. Il désire *dormir.* (regarder le film)

   _____

4. Ils vont *en Italie.* (à Rome)

   _____

5. Le professeur est avec *un groupe.* (les étudiants)

   _____

6. Ils voyagent *ensemble.* (en avion)

   _____

APPLICATIONS

I. Et vous? Answer the questions in complete sentences.

1. Comment vous appelez-vous? _____

2. Où êtes-vous? _____

3. Etes-vous fatigué(e)? _____

4. Allez-vous voyager en France? _____

5. Comment s'appelle le professeur? _____

6. Comment allez-vous? _____

7. Etes-vous américain(e)? _____

Now write three questions that you would like to ask your instructor.

1. _____

_____

2. _____

_____

3. _____

_____

J. L'arbre généalogique. Complete the sentences to describe the relationships of the people in the family tree.

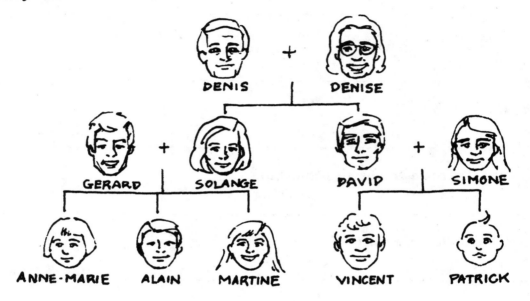

1. Vincent est _____ d'Alain et de Martine.

2. Denis est _____ de Patrick.

3. David est _____ de Martine.

4. Anne-Marie est _____ de David.

5. David est _____ de Vincent.

6. Solange est _____ de David.

7. Vincent et Patrick sont _____ de Gérard et de Solange.

8. Anne-Marie est _____ de Vincent.

9. Simone est _____ de Patrick.

10. Denise est _____ d'Anne-Marie.

K. Mon arbre généalogique. Draw your own family tree and label each member in French. Show at least seven people, including grandparents, parents, aunts, uncles, brothers, and sisters.

Now write five questions about your family tree to ask a partner.

1. _____

2. _____

3. _____

4. _____

5. _____

L. Mots croisés.

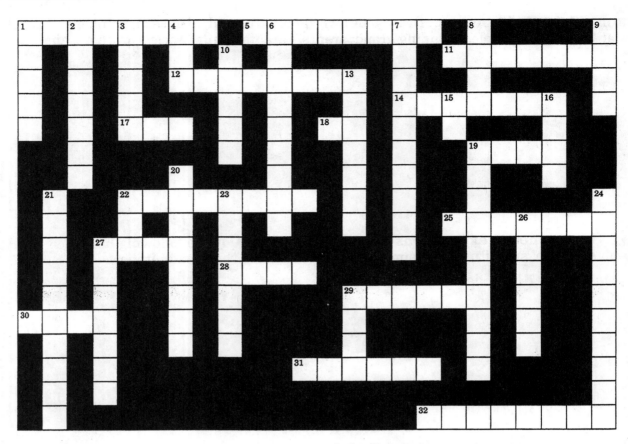

HORIZONTALEMENT

1. To bring
5. Après le petit déjeuner
11. Le frère, la sœur, la mère, le père...
12. Le contraire de «jamais» (*never*)
14. Après le dîner
17. Pas sous (*not under*)
18. I
19. Pas le monsieur
22. L'avion atterrit (*lands*) à un _____.
25. _____ allez-vous?
27. Pas mal.
28. Pas à l'extérieur (*on the outside*)
29. Pas fatigué
30. Toward
31. French word of agreement
32. Pas devant

VERTICALEMENT

1. To go
2. Le dîner et le couvert sont sur le _____.
3. Le dîner est un _____.
4. Third person singular of **être**
6. Henry needs these.
7. Elles vont à l'université.
8. L'Angleterre et la France sont des _____.
9. A particular meal combination or chef's special
10. Also
13. Il travaille (*works*) avec l'hôtesse de l'air.
15. Himself, herself, itself (reflexive pronoun)
16. An intensifier (adverb)
19. Younger than number 19 across
20. Les habitants de la France
21. Pas plus tard (*later*)
22. Un copain
23. Durant
24. Les détails d'un voyage
26. Il va mal. Il est peut-être (*perhaps*) _____.
27. Trop tard (*Too late*) pour bonjour
29. Pas sans (*without*)

CHAPITRE 2 *L'arrivée*

EXERCICES ECRITS

VOCABULAIRE

A. Synonymes et expressions approximatives. Study the following list. Then rewrite each sentence, substituting an appropriate new term for the term in italics.

à Charles de Gaulle = à Roissy-en-France (*former name*) = à l'aéroport
les valises (*f. pl.*)(*suitcases*) = les malles (*f. pl.*)(*trunks*)
toutes tes affaires = toutes tes choses
il s'irrite = il se fâche
intimidé = troublé
irrité = en colère, fâché, agacé, exaspéré
Ben oui! (*familiar*) = Mais oui! Naturellement!

1. J'ai mes *valises*, mais je n'ai pas mon sac de couchage.

   _____

2. Le chauffeur de taxi *s'irrite*.

   _____

3. L'avion arrive à *Charles de Gaulle* à huit heures du matin.

   _____

4. *Ben oui!* C'est ce que vous voulez, non?

   _____

5. Qui est *irrité*?

   _____

6. Avez-vous *toutes vos affaires?*

   _____

7. Robert, *intimidé,* donne l'argent au chauffeur.

   _____

B. Les endroits. What places do the words below make you think of? Write the name of each place in the blank.

1. une lettre _____

2. un film d'horreur _____

3. un Coca _____

4. les avions _____

5. un pull-over _____

6. les trains _____

7. les cigares _____

GRAMMAIRE

Le verbe *avoir*

C. Qu'est-ce qu'il y a dans la valise? Tell what the customs official finds in each person's suitcase. Use the cues and an appropriate form of the verb **avoir.**

1. tu / des lettres _____

2. je / des photos _____

3. nous / des vêtements _____

4. François / de l'argent _____

5. mes copains / toutes leurs affaires _____

6. vous / des livres _____

7. elle / un passeport _____

8. ils / les billets _____

Les verbes réguliers en *-er*

D. En code. Translate each infinitive into French, writing one letter in each blank. Then reveal the secret message by transferring the letters in the boxes to the blanks at the end of the exercise.

1. to live = ___ ___ [ ] ___ ___ ___

2. to count = ___ [ ] ___ ___ ___ ___

3. to give = ___ ___ ___ [ ] ___ ___

4. to find = ___ ___ ___ [ ] ___ ___

5. to fly = ___ [ ] ___ ___ ___

6. to travel = ___ ___ [ ] ___ ___ ___

7. to bring = [ ] ___ ___ ___ ___ ___ ___

8. to eat = ___ ___ ___ [ ] ___

9. to have lunch = ___ ___ ___ ___ ___ ___ ☐ ___

10. to intimidate = ___ ___ ☐ ___ ___ ___ ___ ___ ___

11. to forget = ☐ ___ ___ ___ ___ ___ ___

12. to continue = ___ ___ ___ ___ ___ ___ ☐ ___ ___

13. to study = ___ ☐ ___ ___ ___ ___ ___

14. to speak = ___ ___ ☐ ___ ___

15. to mail = ___ ___ ___ ___ ☐ ___

16. to show = ☐ ___ ___ ___ ___ ___ ___

17. to listen to = ___ ___ ☐ ___ ___ ___

18. to ask for = ___ ___ ___ ☐ ___ ___ ___

19. to dine = ☐ ___ ___ ___ ___

20. to walk = ___ ___ ___ ___ ___ ☐ ___

___ ___ ___ ___ ___ ___ ___ ___ ___ ___ ___ , ___ ___ ___ ___ ___ ___ ___

___ ___ ___ ___ ___ !

E. Qu'est-ce qu'ils font? Describe the scene at the airport by writing the correct form of each verb in parentheses.

1. (chercher) Je _____ la valise.

2. (regarder) Pierre _____ les autres passagers.

3. (parler) Nous _____ entre nous.

4. (déjeuner) Renée et Albert _____ au café.

5. (arriver) Vous _____ en taxi.

6. (donner) Tu _____ les billets au douanier.

7. (poster) Odile _____ une carte postale.

8. (commencer) Ils _____ un livre.

9. (étudier) Les étudiants _____ les verbes.

10. (manger) Je _____ une orange.

11. (passer) On _____ un film.

12. (quitter) La famille _____ l'aéroport.

13. (trouver) Tu _____ tes amis.

14. (vérifier) Nous _____ le vol.

Les numéros cardinaux de 0 à 20

F. Numéros croisés. Use your math skills to fill in the missing numbers.

vingt					dix-sept		

−   −

| [ ] | | | | [ ] − un = [ ] |

=   =

| [ ] − cinq = sept | | dix − deux = [ ] |

+   −

Start here ➡ | deux + [ ] = six | | six |

=   =   +

| [ ] + deux = [ ] | | [ ] = un + [ ] + deux |

=

| [ ] − trois = neuf |

+

| huit + huit = [ ] |

=

| [ ] |

L'heure

G. Mon emploi du temps (*My schedule*). Write out the times at which you do the following things on a typical school day. Be sure to indicate A.M. (**du matin**) or P.M. (**de l'après-midi, du soir**).

1. Je prends le petit déjeuner. _____

2. J'arrive à l'école. _____

3. La classe commence. _____

4. Je déjeune. _____

5. La classe se termine. _____

6. Je dîne. _____

7. Je regarde la télévision. _____

8. J'étudie. _____

Now, working with a partner, take turns asking each other about your schedules.

Modèle: A quelle heure prends-tu le petit déjeuner?
Je prends le petit déjeuner à sept heures du matin.

Ne...pas et questions négatives

H. Camarades de chambre (*Roommates*). The dorm is full of roommates who are exact opposites. Describe each set of roommates by restating each sentence in the negative.

Modèle: Michel parle français. Et André?
André ne parle pas français.

1. Bruno est très sérieux. Et Albert?

_____

2. Georges va à l'école en autobus. Et Jean?

_____

3. Hélène aime voyager. Et Henriette?

_____

4. Jeanne et Suzanne étudient ensemble. Et Anne et Alice?

_____

5. Simon et Charles vont au déjeuner à midi. Et David et Pierre?

_____

6. Louise désire écouter la radio. Et Michèle et Anne?

_____

Now make sure you understand the roommates' differences by asking a question about each in the negative based on the information provided above.

Modèle: **André ne parle-t-il pas français?**

7. _____

8. _____

9. _____

10. _____

11. _____

12. _____

APPLICATIONS

I. A vous. Tell about your family by answering the questions.

1. Avez-vous un mari ou une femme? _____

2. Qui est le **cadet/la cadette** de la famille? _____

3. Combien de cousins avez-vous?_____

   Combien de cousines? _____

4. Avez-vous des neveux ou des nièces? _____

5. Comment s'appellent vos grands-parents? _____

   _____

6. Quel âge votre père a-t-il? _____

7. Et votre mère? _____

8. Avez-vous des frères? _____

9. Quel âge ont-ils? _____

   _____

10. Comment s'appellent-ils? _____

    _____

11. Avez-vous des sœurs? _____

12. Quel âge ont-elles? _____

    _____

13. Comment s'appellent-elles? _____

    _____

Maintenant, à un autre. Now use the same questions to interview a classmate about his/her family.

J. Le week-end. What do you and your friends do on weekends? Write at least two affirmative sentences and one negative sentence for each numbered item. Here are some useful verbs.

être chez moi	aller	commencer	voyager
téléphoner	manger	étudier	danser
regarder	écouter	quitter	dîner
avoir	parler		

1. Moi, je _____

_____

_____

_____

_____

2. Mes amis _____

_____

_____

_____

_____

Now use any of the verbs you know to form three questions about your teacher's weekend activities.

1. _____

2. _____

3. _____

K. Cendrillon au bal. Fill in the blanks with the appropriate verb. Use the following verbs in the order indicated:

(1) compter, (2) désirer, (3) écouter, (4) intimider, (5) passer, (6) étudier,
(7) trouver, (8) avoir, (9) aller, (10) danser, (11) quitter, (12) oublier.

Cendrillon _____ aller au bal. Ses sœurs _____ y aller, et elle _____
              (1)   (2)   (3)

ses sœurs et elle est très triste. Les sœurs _____ Cendrillon. Elle va _____ la
                                               (4)   (5)

soirée seule. Elle est sauvée par une fée. La fée _____ le problème et _____ la
                                                    (6)   (7)

solution. Cendrillon _____ une nouvelle robe et elle _____ au bal. Elle
                       (8)   (9)

_____ avec un prince charmant et elle _____ le palais à minuit. Le prince
  (10)   (11)

n'_____ pas Cendrillon.
    (12)

L. Mots croisés.

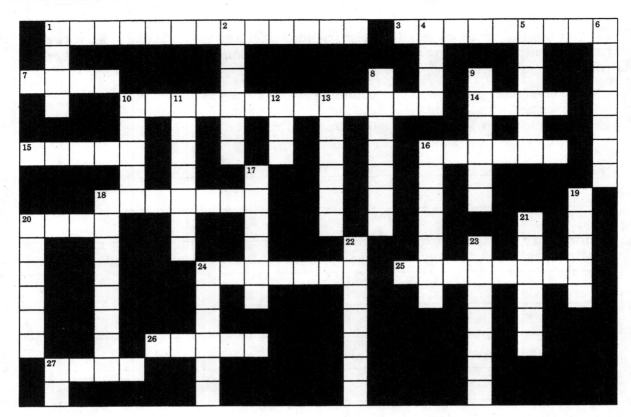

HORIZONTALEMENT

1. Où Robert, Henry et Marguerite cherchent-ils leurs affaires? au _____

3. Robert oublie de donner un _____ au chauffeur.

7. Synonyme de « bicyclette »

10. Dans le **Scénario** Robert cherche son _____.

14. _____ est l'un des trois aéroports à Paris.

15. Dix-neuf moins trois font _____.

16. — Que préfères-tu _____ ? — Le bifteck et la salade.

18. Le contraire de « départ »

20. _____-toi, le ciel t' _____ra. (proverbe)

24. — _____ que c'est qu'une malle ? — C'est une grosse valise.

25. Marguerite n'est pas _____. Elle aime voyager.

26. Sept et treize font _____.

27. Vous _____ dix-neuf ans, n'est-ce pas ?

VERTICALEMENT

1. Les touristes n'ont _____ à déclarer.

2. Robert donne l' _____ au chauffeur.

4. Sept et quatre font _____.

5. L'hôtesse de l'air n'_____ pas de réveiller Robert.

6. Je veux _____ la musique.

8. La boutique est une sorte de _____.

9. Marguerite va _____ la carte de débarquement au douanier.

10. Marguerite de Navarre est la _____ du roi (*king*) François Ier.

11. _____ d'euros est-ce que je dois?

12. Marguerite et Henry _____ vingt ans.

13. Robert _____ de 1 à 20.

16. _____-moi vos passeports, s'il vous plaît.

17. Il est onze _____ et quart quand la classe commence.

18. Where the Air France shuttle bus leaves from and arrives at.

19. Le pilote désire _____ dans son avion.

20. Robert et Marguerite n'_____ pas le chauffeur de taxi.

21. Nous _____ les valises sur le caddie.

22. Le douanier _____ les passeports de touristes.

23. — Où _____-vous ? — A Montpellier, en France. Je suis montpelliérain.

24. Dix et cinq font _____.

27. J'_____ toutes mes affaires.

CHAPITRE 3 *À la gare*

EXERCICES ECRITS

VOCABULAIRE

A. Synonymes et expressions approximatives. Study the following **Synonymes et expressions approximatives.** Then rewrite each sentence, substituting an appropriate new term for the term in italics.

> bouleversés = troublés, désorientés, confus
> dans le monde entier = partout
> Vite! = Dépêche-toi!
> Ils font la queue. = Ils attendent leur tour.
> sans comprendre = sans piger,° sans saisir
> un jour de congé = un jour de repos = de courtes vacances
> désorientés = déconcertés
> la monnaie = une pièce de monnaie, l'argent (m.) = *des pièces de monnaie et des billets =*
> *le fric,° l'oseille° (f.), le grisbi°*

1. Les trois amis sont *bouleversés* par l'attitude du chauffeur de taxi.

   _____

2. Robert et Marguerite *font la queue* au guichet.

   _____

3. Il y a du monde parce que c'est *un jour de congé.*

   _____

4. Nous allons être en retard! *Vite!*

   _____

5. Il répond à la question *sans comprendre.*

   _____

6. *Dans le monde entier*, les chauffeurs sont impatients.

   _____

B. Interrogation. Robert is asking questions at the train station. Circle the most logical response to each question.

1. Quel jour sommes-nous?

   a. Nous sommes en avance.
   b. Nous sommes le deux octobre.

2. Quelle heure est-il?

    a. Neuf francs.
    b. Neuf heures et demie.

3. Quelle classe?

    a. Première.
    b. Aller et retour.

4. C'est combien?

    a. Cinquante-cinq euros.
    b. Oui.

5. Où allez-vous?

    a. Aujourd'hui.
    b. A Bourges.

6. Qui est impatient?

    a. Le chauffeur.
    b. A la gare.

GRAMMAIRE
Les prépositions *à* et *de* + l'article défini

C. Un ami curieux. Each time Hélène says what she is doing, Fabrice asks for more information. Based on the model, give Hélène's responses.

Modèle: HELENE: Je parle au prof.   FABRICE: Et les élèves?
         HELENE: **Je parle aux élèves aussi.**

1. HELENE: Je vais à la banque.   FABRICE: Et l'aéroport?

    HELENE: _____

2. HELENE: Je vais au café.   FABRICE: Et le bureau?

    HELENE: _____

3. HELENE: Je parle au chauffeur.   FABRICE: Et les hommes?

    HELENE: _____

4. HELENE: Je parle à l'hôtesse.   FABRICE: Et le pilote?

    HELENE: _____

5. HELENE: Je parle au steward.   FABRICE: Et Edouard?

    HELENE: _____

D. Aller et retour. Robert and Henry are always going in opposite directions. Based on the model, describe Henry's actions.

Modèle: Robert va au café.
    Henry rentre du café.

1. Robert va au tabac. Henry rentre _____.

2. Robert va à la poste. Henry rentre _____.

3. Robert va aux restaurants. Henry rentre _____.

4. Robert va à la gare. Henry rentre _____.

5. Robert va au cinéma. Henry rentre _____.

6. Robert va à l'aérogare. Henry rentre _____.

7. Robert va aux églises. Henry rentre _____.

8. Robert va au guichet. Henry rentre _____.

Les numéros cardinaux à partir de 20

E. Carnet d'adresses. You got a new address book for Christmas. Spell out your friends' phone numbers in your new book. Omit the hyphen between pairs of numbers. Use a space instead.

1. Emilie 92-32-55-20 _____

_____

2. Chantal 88-43-68-79 _____

_____

3. Bruno 29-15-85-98 _____

_____

4. Catherine 62-53-12-81 _____

_____

5. Serge 39-47-95-76 _____

_____

Les jours, les mois, les saisons et les dates

F. Avez-vouz l'heure? Imagine you are visiting Paris and you forgot your watch. All day long you ask different people what time it is. Write down their answers based on the times their watches show. First give twelve-hour conversational time. Then give twenty-four-hour official time.

1.

a. _____

b. _____

2.

a. _____

b. _____

3.

a. _____

b. _____

4.

a. _____

b. _____

5.

a. _____

b. _____

6.

a. _____

b. _____

7.

        a. _____

        b. _____

Le futur immédiat

G. Un jour de congé. These people are working hard today, but they're planning on taking tomorrow off. Based on the model, tell what they are *not* going to do tomorrow.

Modèle: Yannick travaille aujourd'hui.
          Mais demain, il ne va pas travailler.

1. Monsieur Lepine voyage aujourd'hui.

   Mais demain, _____.

2. Mes cousines étudient aujourd'hui.

   Mais demain, _____.

3. Nous cherchons un appartement aujourd'hui.

   Mais demain, _____.

4. Tu marches dans le parc aujourd'hui.

   Mais demain, _____.

5. Ils apportent les valises aujourd'hui.

   Mais demain, _____.

6. J'arrive à Charles de Gaulle aujourd'hui.

   Mais demain, _____.

7. Vous comptez l'argent aujourd'hui.

   Mais demain, _____.

8. Je vais à la poste aujourd'hui.

   Mais demain, _____.

APPLICATIONS

H. L'avenir. Look into your crystal ball and predict what the following people are going to do next summer. Be creative and use as much vocabulary from previous lessons as you can. Here are some possible verbs.

téléphoner	parler	danser	voyager
voler	déjeuner	manger	dîner
aller	étudier	regarder	marcher
flirter	chercher	commencer	écouter

1. Mon professeur de français _____

   _____.

2. Les étudiants de cette classe _____

   _____.

3. La personne à ma gauche _____

   _____.

4. Moi, je _____

   _____.

I. Qu'est-ce que c'est? Follow the directions to connect the dots and reveal a secret message.

```
71•   80•   •31  •91 100•   79•   82•   •70   •43
                       101
61•   81•   •21    •   75•  •69
                   41
47•   51•   •89 36• •     •99 55•   33•      •66
```

1. soixante et onze à quatre-vingts
2. vingt et un à quatre-vingt-neuf
3. cent un à trente-six
4. soixante-dix-neuf à cinquante-cinq
5. soixante-dix à quarante-trois
6. trente-trois à soixante-six
7. quatre-vingt-un à cinquante et un
8. cent à soixante-quinze
9. quatre-vingt-deux à cinquante-cinq
10. soixante et un à quarante-sept
11. quatre-vingt-onze à cent un
12. soixante-quinze à quarante et un
13. soixante-dix à trente-trois
14. quarante-sept à cinquante et un
15. trente et un à vingt et un
16. soixante et un à quatre-vingt-un
17. soixante-neuf à quatre-vingt-dix-neuf
18. soixante et onze à soixante et un
19. cent à soixante-neuf
20. vingt et un à cent un
21. quarante-trois à soixante-six
22. soixante-quinze à soixante-neuf
23. quatre-vingts à quatre-vingt-un
24. trente et un à quatre-vingt-onze

J. Mots croisés.

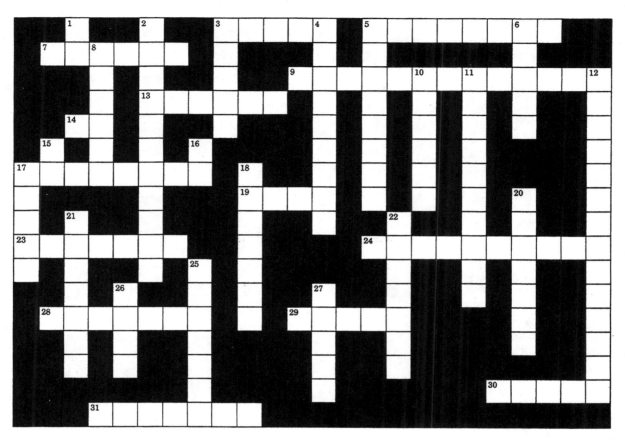

HORIZONTALEMENT

3. Une heure et _____ = une heure quinze.

5. Samedi et _____ sont les jours du week-end.

7. Les _____ et les grimaces sont importants dans la communication visuelle.

9. Soixante-quatre et seize font _____.

13. L'employé de la gare est très _____.

14. On fête la Saint-Sylvestre _____ 31 décembre. C'est le réveillon avant le Jour de l'An.

17. On mange le repas avec une fourchette, un couteau et une _____.

19. C'est le mois après mai et ça rime (*rhymes*) avec « loin ».

23. L'employé au _____ donne trois allers simples aux étudiants.

24. Robert est _____ par l'attitude du chauffeur de taxi.

28. C'est le seul (*only*) mois avec vingt-huit jours.

29. Après lundi, c'est _____.

30. Le 14 juillet on fête la _____ de la Bastille.

31. Huit cent quatre-vingt-dix-neuf et cent deux font _____.

VERTICALEMENT

1. Il y a environ (*approximately*) soixante millions _____ Français.

2. Synonyme de « confus » et de « troublés »

3. Les trois étudiants font la _____ à la gare.

4. On fête la _____ le 1er novembre.

5. On peut attendre le train dans la salle _____.

6. Si on s'appelle _____, sa fête a lieu (*takes place*) le 13 juillet.

8. Louis XIV (1638–1715) s'appelle le Roi _____.

10. Marguerite n'aime pas la fumée. Elle va _____ le wagon fumeurs.

11. Dix heures une du soir = _____ heures une.

12. Cinquante-sept et quatorze font _____.

15. Si on parle _____ frère de la belle-sœur (*daughter-in-law*), on parle _____ beau-frère.

16. Les amis _____ vont pas arriver en retard pour le train.

17. Le lundi de Pâques est normalement un jour de _____ en France.

18. Contraire de « enlever » (*remove*)

20. A quelle heure allez-vous _____ le petit déjeuner demain?

21. Les étudiants désirent trois _____.

22. On consulte l'_____ pour savoir quand le train va arriver ou partir.

25. La grande _____ à la gare indique/montre l'heure.

26. Synonyme de « oseille » et de « grisbi »

27. Synonyme de « irrité »

CHAPITRE 4   *Dans le train*

EXERCICES ECRITS

VOCABULAIRE

A. Synonymes et expressions approximatives. Study the following **Synonymes et expressions approximatives.** Then rewrite each sentence, substituting an appropriate new term for the term in italics.

à rouler = à avancer
composter = valider
est libre = n'est pas occupé(e)
il cherche la formule = il cherche ses mots
généralement = d'habitude, en général, normalement
ne vous inquiétez pas = n'ayez pas peur, ne vous en faites pas, ne vous tracassez pas
on finit par s'y habituer = on finit par s'y accoutumer
il chuchote = il murmure

1. *Il chuchote* avec la personne à côté de lui.

_____

2. Est-ce que cette place *est libre?*

_____

3. Le train est prêt *à rouler.*

_____

4. Avant de monter dans le train, il faut *composter* le billet.

_____

5. *Généralement* à Paris il fait beau au printemps.

_____

6. Le train arrive à l'heure, *ne vous inquiétez pas.*

_____

B. Les contraires. Give the opposite of each expression. Then write a full sentence using the new term in an appropriate context.

1. jeune _____

_____

2. brusque _____

_____

3. libre _____

_____

4. Il fait beau. _____

_____

5. commencer _____

_____

6. maigre _____

_____

7. près d'ici _____

_____

8. impatient _____

_____

9. fâché _____

_____

GRAMMAIRE
Les adjectifs démonstratifs

C. Une carte postale. In a postcard to a friend, describe the scene around you on the TGV. Use the appropriate demonstrative adjectives with either **-ci** or **-là**, the clues in brackets, and the context.

_____ monsieur _____ [près de nous] est impatient mais _____
  (1)   (2)   (3)

femme _____ [loin de nous] est contente. _____ passagers _____ [à
      (4)   (5)   (6)

côté] et _____ contrôleurs _____ [au bout du corridor] sont jeunes.
         (7)   (8)

_____ billets _____ [dans mon sac] sont des aller et retour. _____
    (9)   (10)   (11)

paysage _____ est très intéressant. _____ château _____ est très
        (12)   (13)   (14)

grand et _____ église _____ est très jolie.
       (15)   (16)

L'impératif

D. Mes conseils. You have been asked to counsel the incoming freshmen on what to expect of college life. Use the imperative and the cues to give advice to . . .

1. your younger sister

    a. étudier beaucoup _____

    b. téléphoner souvent à maman et papa _____

    c. aller à la bibliothèque _____

    d. manger bien _____

    e. être patiente _____

    f. ne pas avoir peur _____

2. your new sorority/fraternity members

    a. ne pas être en retard _____

    b. écouter les profs _____

    c. ne pas oublier les devoirs _____

    d. avoir une bonne attitude _____

3. After addressing the new students, find your friends and make some suggestions for what all of you should do that night.

    a. ne pas étudier _____

    b. chercher un taxi _____

    c. dîner au restaurant _____

    d. aller au cinéma _____

Le verbe *faire*

E. Qu'est-ce qu'on fait? What are Robert's friends doing this afternoon? Use expressions with **faire** to describe their activities.

1. Antoine prépare le dîner. Il _____.

2. J'écoute attentivement. Je _____.

3. Nous achetons des fruits. Nous _____.

4. Vous skiez. Vous _____.

5. Elise et Geneviève jouent au football et au basket. Elles _____.

6. Tu voyages au Mexique. Tu _____.

7. Louise marche dans le parc. Elle _____.

8. Il est midi et Georges est encore au lit! Il _____.

LE TEMPS ET LA METEO

F. Describe the weather as thoroughly as possible for each of the three following scenes.

_____   _____   _____

_____   _____   _____

_____   _____   _____

_____   _____   _____

_____   _____   _____

_____   _____   _____

G. Pronostiquez. Tell what the weather is probably like for each traveler, based on location and time of year. Use at least two weather expressions in each description.

1. Madame Signoret est à Londres en avril.

_____

_____

2. Le général Leclerc est en Egypte en juillet.

_____

_____

3. Les Bernard sont dans le Colorado en hiver.

_____

_____

4. Monsieur Toulon visite Paris en automne.

_____

_____

5. Les Martin sont à Miami en mars.

_____

_____

Les verbes réguliers en *-ir*

H. La scène. Use the correct form of the **-ir** verb in parentheses to complete each sentence.

1. (finir)   Ils _____ la maison.

2. (grandir)   Les arbres _____.

3. (réussir)   Nous _____ à dormir.

4. (choisir)   La femme _____ des pommes.

5. (bâtir)   On _____ un pont.

6. (remplir)   Je _____ le verre.

7. (grossir)   Vous _____ après le dîner.

8. (punir)   Tu ne _____ pas le chien.

9. (réfléchir)   Nous _____ au voyage.

10. (maigrir)   Je _____ pendant les vacances.

I. Transformations. Rewrite each sentence, using the **-ir** verb that corresponds to the adjective in italics.

Modèle: Je suis *pâle.*
        Je pâlis.

1. L'enfant est *grand.* Il _____.

2. Tu es *maigre.* Tu _____.

3. Sylvie est *vieille.* Elle _____.

4. Je suis *belle.* Je _____.

5. Vous êtes *jeune.* Vous _____.

6. Le train est *lent.* Il _____.

7. Nous sommes *gros.* Nous _____.

APPLICATIONS

J. La météo. Picture yourself as a TV weatherperson. Pick any French-speaking country in the world, decide what season it is, and write an appropriate weather report. Be sure to give as much detail as possible, but do not reveal your location.

_____

_____

_____

_____

_____

_____

_____

_____

_____

Read your weather report to a partner. He/She will ask questions to determine where you are broadcasting from. Questions may relate to date, weather during other seasons, and the like.

K. Télégramme. Your parents are about to leave on the vacation trip of a lifetime. Send them a telegram, wishing them **bon voyage**. Use some of the following verbs.

passer de bonnes vacances	envoyer une carte postale
téléphoner	manger bien
oublier les problèmes	faire bon voyage
être prudent	faire la grasse matinée
acheter beaucoup de souvenirs	

✓ étape 3 (suite)

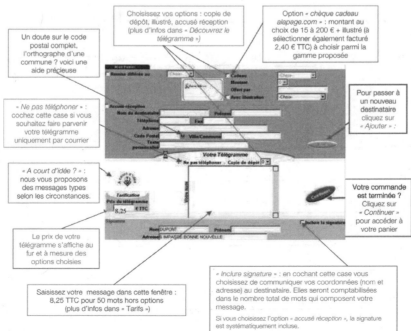

L. Mots croisés.

HORIZONTALEMENT

1. Quel _____ fait-il à Bourges?
3. Région près de la ville: la _____
7. S'il fait 2° Celsius, il fait _____.
8. Qu'est-ce qui arrive si on ne mange pas beaucoup? On _____.
13. To keep
14. Il vérifie les billets dans le train.
18. Robert est très fatigué. Il fait la _____ matinée.
21. Sleeping-car berth
24. Une sorte de métro qui roule à Paris et en banlieue
25. Après la _____, le beau temps.
26. Cet animal donne du lait.
29. S'il fait −5°, l'eau _____.
30. Je fais du ski. Et vous? _____-vous du ski aussi?
32. To worry someone

VERTICALEMENT

2. — Merci. — Je vous en _____.
4. Une place _____ n'est pas prise.
5. Le contraire de « près »
6. Toc, toc, toc. Qui _____ à la porte?
8. La _____ dit qu'il va faire chaud aujourd'hui.

9. Un train très rapide
10. Fortunately
11. Il fait souvent _____ les soirs d'été.
12. Le contraire de « méchant » (*mean, wicked*)
14. _____ étudiants-ci sont dépaysés. _____ étudiants-là vont bien.
15. Quand il y a des éclairs, il y a normalement du _____ .
16. Henri et Marguerite sont prudents. Ils _____ avant de parler.
17. Au Sahara il fait _____ normalement.
19. Ayez de la patience! _____ patients!
20. Où les chrétiens (*Christians*) prient.
21. Valider le billet
22. Le contraire de « nord-est »
23. A Chicago il y a souvent du _____ en hiver.
26. S'il fait 68° Fahrenheit, il fait _____° Celsius.
27. Robert, sois aimable! _____ notre valise perdue.
28. Le contraire de « blanchir »
30. De toute _____ (*In any case*)
31. Dans le *Roman de la Rose* (13ᵉ siècle) on lit (*reads*) que l'habit ne fait pas le _____.

CHAPITRE 5 *Rencontre à la gare*

EXERCICES ECRITS

VOCABULAIRE

A. Synonymes et expressions approximatives. Study the following **Synonymes et expressions approximatives.** Then complete the story, substituting the appropriate new term for each cue in parentheses.

il y a beaucoup de monde = il y a foule, il y a beaucoup de personnes
héberger = loger
inquiètes = anxieuses
c'est vrai = c'est exact
grands et forts = bien bâtis
on voit bien = on remarque
pour rester en bonne santé = pour bien se porter
si = aussi
difficile à table = délicat = qui mange du bout des dents
consulte = examine

Gisèle et Claire arrivent à la gare. _____ , mais elles ne voient pas la
                                          (Il y a beaucoup de monde)

famille américaine qui va les _____. Elles deviennent
                                        (héberger)

_____. Gisèle _____ l'horaire quand
        (inquiètes)   (consulte)

Claire voit deux garçons _____. _____
                                  (grands et forts)   (On voit bien)

qu'ils cherchent quelqu'un. Gisèle demande: « Est-ce que vous êtes Philippe et Geoffroy

Benoît? » « _____! » répondent-ils. « Qu'ils sont beaux! » chuchote
                    (C'est vrai)

Claire à Gisèle.

B. Destinations. Based on what the people are going to do, tell where they are going. Use
aller à + the appropriate place.

1. Vous avez un chèque, mais vous voulez de l'argent. Où allez-vous?

    Je _____.

2. Paul a un petit accident avec la voiture. Où va-t-il?

    Il _____.

3. Je veux étudier. Où est-ce que je vais?

    Tu _____.

4. Nous voulons regarder un film. Où allons-nous?

   Vous _____.

5. Tu vas voyager en Provence par le train. Où vas-tu?

   Je _____.

6. Pour acheter du rosbif, des fruits et du chocolat, où est-ce qu'on va?

   On _____.

7. Mon auto ne fonctionne pas. Où est-ce que je vais?

   Tu _____.

8. Thérèse va poster une lettre et envoyer un télégramme. Où va-t-elle?

   Elle _____.

9. Je vais jouer au football. Où est-ce que je vais?

   Tu _____.

10. Pour retrouver des amis et boire un Coca-Cola, où allons-nous?

    Vous _____.

C. **Le plan de la ville.** Use the city map on the following page to complete items 1–3.

1. Complete each sentence with the name of the appropriate place.

   a. En face de la poste se trouve _____.

   b. A côté de la gare se trouve _____.

   c. Près de l'école se trouve _____.

   d. A droite du supermarché se trouve _____.

2. Complete each sentence with the appropriate preposition.

   a. La station-service est _____ de l'hôtel.

   b. Le garage est _____ de l'hôpital.

   c. La pharmacie est _____ de la bibliothèque.

   d. Le bureau de tabac est _____ de la banque.

3. Trace the following route on the map. Where do you end up?

   Commencez à l'hôpital. Sortez de l'hôpital et tournez à gauche. Continuez tout droit. Traversez le pont. Allez très loin, jusqu'à la rue Ronsard, et tournez à droite. Regardez le premier magasin à gauche.

   C'est _____.

D. Un chef d'œuvre. Write five sentences that describe the masterpiece you see here. Give as specific a description as possible.

1. _____

2. _____

3. _____

4. _____

5. _____

GRAMMAIRE

Le pluriel des adjectifs et des noms

E. On voit double. Bernard is seeing double! Rewrite each sentence, making the italicized words plural.

1. *Le gros homme habite* dans *un château.*

_____

2. *Elle achète un journal français.*

_____

3. *Le grand cheval va* au parc.

_____

4. *Une femme vient du supermarché.*

_____

5. *La fille est* sur *le pont.*

_____

6. Madame Fourchet voit *la vieille veuve.*

_____

7. Ils tiennent *une jolie fleur* à la main.

_____

8. Ma mère achète *un bijou.*

_____

F. Vos amis. Think of two of your closest friends—one male and one female. Write at least five descriptive sentences about each person, giving as much detail as possible. Here are some words you may wish to use. Remember to use feminine forms for your female friend.

gros/maigre	jeune/vieux	beau/laid	bavard	très
fort/faible	intelligent	gentil	intimidé	un peu
patient/impatient	fâché	difficile à table	irrité	souvent
content/mécontent	épuisé			rarement

1. _____

_____

_____

_____

_____

_____

2. _____

_____

_____

_____

_____

_____

Les adjectifs possessifs

G. Les achats. As you and your friend sort your holiday purchases, she asks you to confirm the recipient of each item. Respond using the appropriate possessive adjective.

1. — Est-ce que les écouteurs sont à moi? — Oui, ce sont _____ écouteurs.

2. — Est-ce que le journal est à Maurice? — Oui, c'est _____ journal.

3. — Est-ce que les cartes postales sont à nous? — Oui, ce sont _____ cartes postales.

4. — Le chocolat est-il à Roger et à Georges? — Oui, c'est _____ chocolat.

5. — Est-ce que le sac de couchage est à toi? — Oui, c'est _____ sac de couchage.

6. — Est-ce que les photos sont à Julien? — Oui, ce sont _____ photos.

7. — Le chapeau est-il à Iris et à moi? — Oui, c'est _____ chapeau.

8. — Les magazines sont-ils à Annick et à Eliane? — Oui, ce sont _____ magazines.

9. — Est-ce que la valise est à Richard? — Oui, c'est _____ valise.

10. — Est-ce que le livre est à Véronique et à toi? — Oui, c'est _____ livre.

Les expressions avec *avoir*

H. La voiture. Based on the context, determine which expression with **avoir** best fits in each blank. Use each expression once.

avoir besoin	avoir froid	avoir soif
avoir envie	avoir mal à la tête	avoir sommeil
avoir faim	avoir raison	avoir tort

Jean-Michel _____ d'acheter une voiture. Il travaille dur. Il _____ de gagner
        (1)   (2)

beaucoup d'argent. Il ne mange pas beaucoup et il _____ . Il ne boit pas beaucoup et il
              (3)

_____ . Après le travail, il est fatigué et il _____ . Il ne veut pas faire d'erreurs
  (4)   (5)

parce qu'il n'aime pas _____ . Au contraire, il veut toujours _____ .
         (6)   (7)

Maintenant, il est malade. Il veut de l'aspirine parce qu'il _____ . Il veut un pull-over
                    (8)

parce qu'il _____ . Mais comme maintenant il a assez d'argent pour acheter la voiture,
    (9)

il est content.

Les verbes comme *venir*

I. A l'opéra. Complete the following dialogue by filling in the correct form of the verb given.

Les gens _____ *les billets. Marc et Anne ont déjà des billets et elle*
                      (obtenir)

veut savoir pourquoi.

ANNE: Est-ce que ces billets _____ (appartenir à) tes parents?

MARC: Non, je maintiens que les billets _____ (appartenir à) moi.

Ils _____ (tenir) les billets à la main.

ANNE: Est-ce qu'on _____ (retenir) les billets après être entré?

MARC: Non, quelqu'un va les prendre à l'entrée. Nous attendons depuis longtemps; je

_____ (devenir) fatigué, et toi?

ANNE: _____ (Tenir) ! Ils _____ (venir) d'ouvrir

la porte!

Les verbes *voir* et *croire*

Le verbe *venir* et *venir de* + infinitif

J. Un après-midi agréable. While you and your friend Simone take a walk, you provide a running commentary. Complete the story by writing the correct form of each verb.

Mon amie et moi, nous _____ (venir) de commencer une promenade dans le

parc. Nous _____ (venir) souvent à ce parc. Nous _____ (voir)

le marchand de hot-dogs. J'_____ (avoir) faim, donc nous

_____ (faire) la queue. Je _____ (choisir) un hot-dog et

Simone _____ (choisir) un Coca qu'elle _____ (tenir) à la main

pendant que nous _____ (marcher). Nous _____ (continuer) à nous

rapprocher du zoo. « Je _____ (croire) qu'il est fermé », dit Simone. Je

le _____ (voir): elle a raison. Nous _____ (être)

fâchés parce que les animaux _____ (être) si beaux. Mais

j'_____ (avoir) une bicyclette qui _____ (appartenir) à mon

frère, alors nous _____ (aller) au cinéma. En chemin, Simone change

d'avis et _____ (rentrer) à la maison. C'est à ce moment-là que je

_____ (voir) François et nous _____ (décider) d'aller ensemble

voir *Cyrano de Bergerac.*

K. Par la fenêtre. You're sitting by the window as your train pulls into the station. Use **venir de** and the cues to describe the situation to your seatmate.

Modèle: Le contrôleur / annoncer la ville
Le contrôleur vient d'annoncer la ville.

1. Nous / arriver _____

2. Tu / consulter l'horaire _____

3. L'autre train / commencer à rouler _____

4. Je / voir un café _____

5. Les jeunes gens / manger des sandwiches _____

6. Le gros monsieur / donner un pourboire _____

7. Les filles / bavarder _____

APPLICATIONS

L. A l'étranger. You are an exchange student living in France for a year. Write your first letter home, describing your new French family. Use as much new vocabulary as possible.

Qui sont les membres de la famille? Comment s'appellent-ils? Quel âge ont-ils? Comment sont-ils? Ont-ils des animaux? Décrivez le village où vous habitez.

_____

_____

_____

_____

_____

_____

_____

_____

_____

_____

_____

_____

_____

M. Allez tout droit. Write out careful directions in French telling how to go from where you live to . . .

1. la classe de français _____

_____

_____

_____

_____

_____

_____

2. la bibliothèque _____

_____

_____

_____

_____

_____

_____

3. la banque _____

_____

_____

_____

_____

_____

_____

_____

N. Mots croisés.

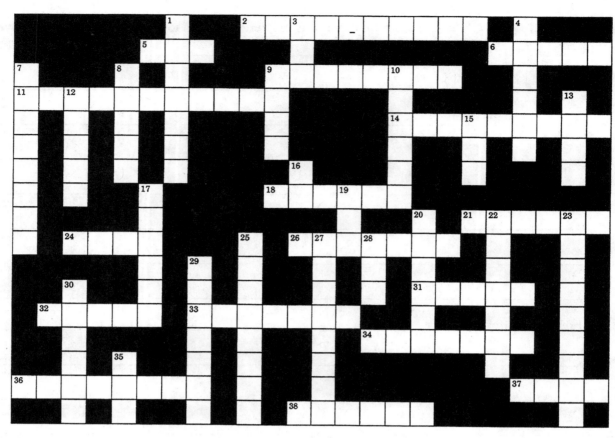

HORIZONTALEMENT

2. Half-sister
5. Si on a _____ à la tête, on peut aller à l'hôpital.
6. Le contraire de « laids »
9. — Est-ce que tes amis vont partir maintenant?
   — Pas du tout! Ils _____ d'arriver!
11. To recognize
14. Environ trois ou quatre
18. Pour changer de l'argent, on va à la _____.
21. Le contraire de « fort »
24. Continuez, continuez. Allez jusqu'au _____ de la rue.
26. Sur la tête on a beaucoup de _____ généralement.
31. J'ai _____ d'aller dans le 5ᵉ arrondissement, où il y a beaucoup d'étudiants.
32. Il est très gentil. Il est bien _____.
33. Le contraire de « gros »
34. Il est grand et fort. Il est _____.
36. Nous _____ des timbres à la poste généralement.
37. C'est l'heure du dîner. J'ai très _____.
38. Voir, c'est _____. (proverbe)

VERTICALEMENT

1. M. et Mme Aubry parlent beaucoup. Ils sont _____.
3. Emphatic form of **je**
4. Ne pas partir
7. Les deux _____ mois de l'année sont janvier et février.
8. Le contraire de « d'abord »
9. Sa femme est morte (*dead*). Il est _____.
10. — Va-t-il réussir à l'examen? — Il _____ bien.
12. On trouve cela dans une église.
13. Le contraire de « loin »
15. _____ cette photo, on voit la magnifique cathédrale de Notre-Dame.
16. Pardon, madame. Cette valise ne vous appartient pas. C'est _____ valise.
17. La femme de Napoléon n'est pas grande, elle est _____.
19. Mon Dieu! _____ les Américains sont sportifs!
20. Cluny et le Louvre sont des _____.
22. Synonyme de « inquiet »
23. On peut acheter des livres à la _____.
25. On écoute avec ces parties du corps.

VERTICALEMENT

27. Synonyme de « loger »

28. Est-ce que _____ billets sont compostés, monsieur?

29. Quand on est sportif, on va souvent au _____.

30. Attention! L'arrêt d'autobus n'est pas à gauche! Il est à _____.

35. Tes amis _____ peur du chien féroce.

CHAPITRE 6 *Chez les Fourchet*

EXERCICES ECRITS

VOCABULAIRE

A. Synonymes et expressions approximatives. Study the following list of **Synonymes et expressions approximatives.** Then rewrite each sentence, substituting an appropriate new term for the term in italics.

> tout à coup = tout d'un coup, soudain, soudainement
> Ça ne fait rien. = Ça n'a pas d'importance. Ce n'est pas grave.
> un imperméable = un imper
> chez les Fourchet = à la maison des Fourchet
> serre la main de Robert = donne une poignée de main à Robert
> Je suis heureux(-se) de faire votre connaissance. = Je suis enchanté(e).
> les W.-C. (*m. pl.*) = les water-closets = les toilettes (*f. pl.*) = les waters (*m. pl.*)

1. Il fait un temps de chien. Porte ton *imperméable!*

   _____

2. Où se trouvent *les W.-.C.?*

   _____

3. Nous avons un examen aujourd'hui? *Ça ne fait rien.*

   _____

4. *Tout à coup,* les Fourchet arrivent à la porte.

   _____

5. — Je voudrais vous présenter Mlle Alain. — *Je suis heureux de faire votre connaissance.*

   _____

6. Puis elle *serre la main de Robert.*

   _____

7. Claudine va à une fête *chez les Fourchet.*

   _____

B. Habitations. Complete the description of the Bertron house by writing the name of the appropriate room or other location.

1. M. Bertron prépare le dîner dans la grande _____ blanche.

2. Au premier étage il y a une _____ avec une douche.

3. Le lit se trouve dans la _____.

4. Dans la _____, il y a un nouveau micro-ondes.

5. Au bout du couloir se trouve la _____ avec une table et huit chaises.

6. Alain Bertron travaille à l'ordinateur dans le _____.

7. Dans la _____, au rez-de-chaussée, se trouvent des fauteuils et le téléviseur.

8. La voiture des Bertron est dans le _____.

GRAMMAIRE

Les adjectifs précédents les noms

C. Descriptions. Rewrite each sentence by adding the correct form of the adjective in parentheses, putting it in the proper position, and making any other necessary changes.

1. (bon)   Je sais l'adresse d'un hôtel.

   _____

2. (intéressant)   Dans mon bureau, il y a des livres.

   _____

3. (grand)   Nous allons prendre un repas.

   _____

4. (gentil)   Il danse avec une fille.

   _____

5. (nouveau)   Elle achète un ordinateur.

   _____

6. (vieux)   Ils vont visiter le quartier.

   _____

7. (beau)   « Regarde cet homme-là! » chuchote-t-elle.

   _____

8. (intelligent)   Ce sont des animaux.

_____

9. (joli)   Je cherche une couverture.

_____

10. (long)   Nous allons faire une promenade.

_____

Les pronoms d'objet direct

D. Plus courts. Rewrite each sentence, replacing the direct object in italics with a direct object pronoun (**le, la, l'**, or **les**).

1. Elles achètent *l'ordinateur.* _____

2. Tu n'identifies pas *le criminel.* _____

3. Ils admirent *le professeur.* _____

4. Nous trouvons *l'auto* dans le garage. _____

5. Je vais chercher *les sacs de couchage.* _____

6. Nous ne commençons pas *nos devoirs.* _____

7. Mon copain écrit *cette pièce de théâtre.* _____

8. Tu ne vas pas inviter *le nouvel élève.* _____

9. Etudiez *les leçons!* _____

E. Interrogation. When Catherine's father comes home from work, he always asks her about her day. Write her answers, using the correct direct object pronoun in each sentence.

1. Tu regardes la télévision?   (oui)

_____

2. Marc t'appelle?   (non)

_____

3. Tu m'écoutes?   (oui)

_____

4. Tu vois le message?   (non)

_____

5. Tu cherches les clés?   (oui)

_____

6. Tu vas nous présenter à tes amis?   (oui)

_____

7. Tu vas chercher le chat?   (non)

_____

8. Tu m'aimes?   (oui)

_____

Le verbe *prendre*

Changements orthographiques (verbes réguliers en -*er*)

Les verbes *pouvoir, vouloir* et *savoir*

F. Un petit mot. Justine took some notes in preparation for writing to her French pen pal. Use her notes to write grammatically correct sentences.

Modèle: Maman / prendre / le taxi / six heures
      Maman prend le taxi à six heures.

1. Je /ne... pas du tout / comprendre / les devoirs

_____

2. Sylvie et Sophie / acheter / une auto / nouveau

_____

3. Est-ce que / tu / jeter / le chewing-gum / la corbeille à papier / ?

_____

4. Nous / prendre / un repas / grand / formidable

_____

5. Marianne / apprendre à / jouer de la guitare

_____

6. Je / appeler / le médecin / tout de suite

_____

7. Préférer / vous / le vin ou le Coca / ?

_____

8. Nous / commencer à / boire du café

_____

9. Tu / répéter / mon numéro de téléphone

_____

10. Je / ne... pas / pouvoir / t'appeler ce soir

_____

11. Michèle / acheter / une maison / énorme

_____

12. Thierry et Nadine / vouloir / voyager cet été

_____

13. Vous / pouvoir / m'écrire / pendant votre voyage

_____

14. Est-ce que / tu / savoir / le nom de notre président / ?

_____

15. Nous / vouloir / dîner dans un restaurant / élégant

_____

16. Elles / ne... pas / savoir / l'adresse de leur oncle

_____

G. Mes opinions. Use three adjectives to express your opinion about each topic.

1. le président des Etats-Unis

   Je le trouve _____

   _____.

2. Kevin Costner

   _____

   _____

3. les cours

_____

_____

4. votre chambre

_____

_____

5. les Bulls de Chicago

_____

_____

APPLICATIONS

H. Ma maison idéale. Write a complete description of your ideal house. Include rooms, colors, sizes, exact locations, furnishings, and as many details as you can.

_____

_____

_____

_____

_____

_____

_____

_____

_____

_____

_____

_____

Now read your composition to a partner while he or she tries to draw what you describe in the box on page 53. Does the drawing match your idea of a dream house?

I. La maison idéale de mon(ma) camarade de classe:

J. Mots croisés.

HORIZONTALEMENT

2. Est-ce que Robert mange des petits _____?

7. _____ la vérité! Marx dit: « Qui veut la fin veut les moyens ».

9. _____ c'est pouvoir.

10. Où on peut dormir

12. Le contraire de « hier »

13. Henri est très sensible. Il ne va pas se faire mal _____ en France.

14. Hier, j'ai _____ la connaissance d'un très gentil monsieur.

15. Laisse la porte ouverte! Ne _____ ferme pas!

17. L'âge des _____ (*The Age of Enlightenment*)

20. Le douanier regarde vos valises. Il vous dit: « Ouvrez- _____ ».

22. Synonyme de «embarrassé »

23. La petite amie répond: « Si je suis belle, regarde- _____ ! »

24. On l'utilise pour se laver

26. — Merci beaucoup! — Oh, mais de _____!

27. Au-dessus (*above*) du rez-de-chaussée on trouve le premier _____.

28. Nous avons tous faim. _____ maintenant!

29. On peut mettre des livres sur une _____.

30. Tout _____ tout beau.

31. Pour écouter la musique tout en marchant, on utilise un _____.

VERTICALEMENT

1. Robert ne _____ pas son billet. C'est un souvenir.

2. Comme une armoire, mais dans le mur

3. On trouve le frigo et le micro-ondes dans la _____.

4. Tout à _____ (synonyme de « soudainement »)

5. Un _____ peut calculer très vite normalement.

6. Le matin je vais dans la salle de bains faire ma _____ .

8. Apprenez-vous toutes ces expressions par _____?

9. L'impératif et le subjonctif de « vouloir »

10. Une deux _____ est une petite voiture fabriquée par Citroën.

11. Jeanne d'Arc n'est pas mauvaise! Elle est _____.

13. Il a toujours combattu le fanatisme.

16. Après une douche, on s'essuie (*dries oneself*) avec une _____ de bain.

18. — Que veut dire « oryctérope »? —Je ne _____ pas.

19. M. Fourchet cherche une bouteille de vin dans la _____.

20. Une forme féminine de « long »

21. Synonyme de « donner une poignée de main »: _____ la main

23. Son petit ami a besoin de respect. Il demande: « _____ -tu? »

24. _____ c'est pouvoir.

25. Il ne va pas faire beau. Il va _____.

CHAPITRE 7 *Au déjeuner*

EXERCICES ECRITS

VOCABULAIRE

A. Synonymes et expressions approximatives. Study the following list of **Synonymes et expressions approximatives.** Then rewrite each sentence, substituting an appropriate new term for the term in italics.

> peu après = un peu plus tard
> parce que = car
> il a faim = il est affamé, il meurt de faim
> il comprend tout = il pige tout, il saisit tout
> d'un trait = d'un seul coup
> j'ai très soif = je suis assoiffé, je meurs de soif
> te tutoyer = te dire « tu », te parler familièrement

1. M. Fourchet est arrivé *peu après.*

   _____

2. Est-ce que je peux *te tutoyer?*

   _____

3. Vous avez bu le verre de vin *d'un trait.*

   _____

4. Il mange vite *parce qu'il a faim.*

   _____

5. Il ne faut jamais expliquer à Raphaël parce qu'*il comprend tout.*

   _____

B. Faire les achats. While staying in Bourges, you are preparing to go grocery shopping. Match the letter of each item in column B with the name of the store where you are most likely to find it. Bonus: Which item could be bought in two different stores?

A	B
_____ 1. la boulangerie	a. la viande
_____ 2. le tabac	b. les saucisses
_____ 3. la crémerie	c. la baguette
_____ 4. la poissonnerie	d. les desserts
_____ 5. l'épicerie	e. les cigares
_____ 6. la boucherie	f. le riz
_____ 7. la charcuterie	g. le lait
_____ 8. la pâtisserie	h. les crevettes

C. Un mauvais tour. Your French roommate, who loves practical jokes, made out the following grocery list. Unscramble the letters to find out what your roommate wants you to buy.

1. noirgvie   _____

2. igsnoon   _____

3. uomdreta   _____

4. sfueo   _____

5. peesgras   _____

6. issarfe   _____

7. erviop   _____

8. lcgae   _____

GRAMMAIRE

L'article partitif

D. La liste. Grégoire is checking his cupboard to see what he has and what he needs. Help him by writing the correct forms of the partitive article. Then rewrite each sentence in the negative.

1. Il y a _____ brioche. _____

2. J'ai acheté _____ saucisses. _____

3. Nous avons besoin _____ pain. _____

4. Je vois _____ beurre. _____

5. Il y a _____ aubergines. _____

6. J'ai _____ bière. _____

7. Nous avons _____ huile. _____

8. Il faut acheter _____ biscottes. _____

9. J'ai besoin _____ ail. _____

Il est / C'est

E. Qu'est-ce que c'est? Use **c'est** or **elle est** to complete the descriptions of the pictures.

1. _____ une fille.

2. _____ la personne que j'adore.

3. _____ jolie et intelligente.

4. _____ ma petite amie.

5. _____ grande et noire.

6. _____ dans la rue.

7. _____ une nouvelle mobylette.

8. _____ une machine moderne.

Le passé composé avec *avoir*

F. Quelle boum super! You are telling your friends about the party you went to last night. Complete the story by writing the correct **passé composé** form of each verb.

J'_____ la maison à 8 h. Nous _____
(quitter)   (dîner)

chez les Pontorson. Guy _____ tout de suite, mais moi, je
(finir)

_____ rapidement. M. et Mme Pontorson _____
(ne pas manger)   (préparer)

un gâteau énorme pour le dessert mais nous _____ le manger. Puis,
(ne pas pouvoir)

tout le monde _____ un taxi. Michèle _____
(prendre)   (consulter)

le journal et elle _____ qu'il y avait une nouvelle discothèque.
(remarquer)

Soudain, Serge _____ mal à la tête et il _____
(avoir)   (vouloir)

rentrer chez lui, mais la pluie dehors l'_____. A la discothèque, nous
(décourager)

_____ la musique et j'_____ avec Didier.
(écouter)   (danser)

Nous _____ une soirée super.
(passer)

Les pronoms d'objet direct et le passé composé

G. La paresse. Lucie spent the whole evening at home alone and now her roommate is trying to figure out what she did. Complete Lucie's responses, replacing the direct object in italics with a direct object pronoun.

1. Tu as vu *ce film?* Non, _____.

2. Tu as regardé *les comédies?* Oui, _____.

3. Pascale *t*'a appelée? Oui, _____.

4. Yannick *t*'a appelée? Non, _____.

5. Tu as tenu *tes promesses?* Oui, _____.

6. Tes amis et toi, vous avez mangé *le gâteau?* Non, _____.

7. Vous avez bu *le Coca?* Non, _____.

8. Vous avez fini *vos devoirs?* Oui, _____.

9. Tu as invité *les garçons?* Non, _____.

10. Tu *m*'as écoutée? Oui, _____.

Le verbe *boire*

H. Les boissons. Use the cues, the present tense of the verb **boire,** and the partitive article to write grammatically correct sentences.

1. Tu / le lait _____

2. Nous / le Coca _____

3. Je /ne... pas/ le vin _____

4. Madame / toujours / le café _____

5. Vous / quelquefois / la bière _____

6. Christian et Dominique / l'eau _____

7. Raoul / généralement / le thé _____

8. Je / le lait / d'un trait _____

APPLICATIONS

I. Mythes ou réalités? There are different sayings about vegetables. Indicate which vegetable fits each of the following descriptions. Choose from the list provided. Two of the items will not be used.

le maïs	les pommes de terre
les artichauts	les carottes
les épinards	l'ail
les oignons	les aubergines

1. On dit qu'elles sont bonnes pour les yeux. Si on mange beaucoup de ce légume on voit mieux.

_____

2. Quand Popeye en mange, il devient beaucoup plus fort et Olive Oyl l'aime bien comme ça.

_____

3. Les Européens ont essayé ce légume pour la première fois quand ils sont arrivés en Amérique du Nord.

_____

4. On dit que quelqu'un qui mange beaucoup de ce légume sera protégé contre les maladies et les mauvais esprits.

_____

5. Les Irlandais sont connus pour leur consommation de ce légume.

_____

6. Les Français font une bonne soupe très connue avec ce légume.

_____

J. Les recettes. You're cooking dinner for some friends. Make a shopping list of the ingredients you'll need to make the following two dishes.

1. UNE SALADE

2. UN DESSERT

_____   _____

_____   _____

_____   _____

_____   _____

_____   _____

_____   _____

_____   _____

_____   _____

_____   _____

_____   _____

K. Au restaurant. Describe the last time you ate at a nice restaurant, giving as much detail as possible. Here are some useful verbs.

choisir	commander	danser	servir	finir
décider	prendre	avoir	remplir	boire
manger	vouloir	donner un pourboire	couper	grossir
acheter une fleur	parler			

_____

_____

_____

_____

_____

_____

_____

_____

_____

_____

_____

_____

_____

_____

_____

_____

_____

_____

L. Mots croisés.

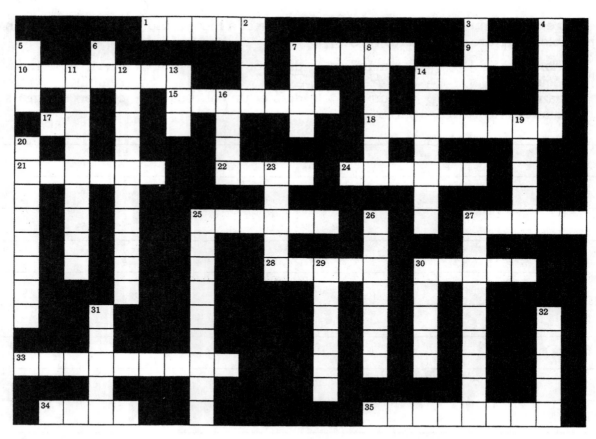

HORIZONTALEMENT

1. Un rôti d'agneau
7. M. Fourchet _____ un toast à Robert.
8. Hier, après le déjeuner, Robert a _____ sommeil.
10. Synonyme de « puis »
14. Les chats sont _____ animaux.
15. Un légume blanc ou vert qui est mince et long.
17. J'ai oublié d'étudier, mais à l'examen j'ai _____ la réponse quand même!
18. Synonyme de « avoir très soif »: être _____
21. Une poudre généralement noire qu'on peut manger
22. C'est moi qui vais arriver ce soir. Ce ne _____ pas eux.
24. Est-ce que ton _____ sonne à 08h00?
25. Une viande rouge qui est plus populaire en France qu'aux Etats-Unis
27. Qui vole un œuf, vole un _____. (proverbe)
28. Boire quelque chose d'un _____, ce n'est pas très poli.
30. Le contraire de « vis ». Indice: « Je _____ de soif ».

33. Celui qui fait des gâteaux
34. J'ai besoin de baguettes. Je peux donc aller _____ le boulanger.
35. Où on peut trouver de la moutarde, du café, etc.

VERTICALEMENT

2. Le vin est _____, il faut le boire. (proverbe)
3. J'aime _____ fruits d'habitude.
4. Quand c'est de l'olive, c'est bon pour la salade, pas pour la voiture.
5. Un minéral blanc et salé.
6. Robert a _____ le vin très vite.
7. Est-ce que Robert _____ tout? Comprend-il vraiment tout?
8. Un légume rond et rouge
11. Populaire comme hors-d'œuvre. C'est de la viande.
12. L' _____ qui travaille avec votre médecin est sympatique.
13. Buvez-vous le vin comme de l' _____ ?
14. Après le fromage, on va servir le _____.
16. Synonyme de « peux » dans une inversion

19. Si Robert ne parle pas, M. Fourchet va le _____ parler!

20. Un légume comme la laitue. C'est vert foncé.

23. C'est un mauvais film. C'est un _____.

25. Un type de fromage célèbre

26. Quand on veut utiliser « tu », on veut _____ l'autre personne.

27. Cet objet peut contenir du vin.

29. Robert _____ mangé ses haricots verts?

30. Tu ne veux pas manger de cerises? Tant _____. Je les aime bien!

31. Une société (compagnie, firme) ou bien un objet en métal qui contient des légumes

32. Vous venez pour prendre la voiture? Désolé. Votre mari l'a déjà _____.

CHAPITRE 8 *Robert s'installe*

EXERCICES ECRITS

VOCABULAIRE

A. Synonymes et expressions approximatives. Study the following list of **Synonymes et expressions approximatives**. Then rewrite each sentence, substituting an appropriate new term for the term in italics.

> mettre en ordre = ranger ou placer chaque chose à sa place
> la penderie = le placard
> vraiment = réellement
> faire sa toilette = se laver
> emprunter = prendre (mais pour un temps limité)
> là-dessus = sur ce point
> évidemment = certainement, sans aucun doute
> a besoin de sommeil = a besoin de dormir
> bien cuite = bien dorée, croustillante

1. Tu peux *emprunter* une de nos mobylettes durant ton séjour.

_____

2. Mme Fourchet aide Robert à *mettre la chambre en ordre*.

_____

3. *Evidemment* si on ne sait pas freiner on peut avoir des problèmes.

_____

4. Robert *a besoin de sommeil*.

_____

5. J'ai pendu ton veston et ton imperméable dans *la penderie*.

_____

6. Passe par la boulangerie et achète une baguette *bien cuite*.

_____

7. Pourquoi insiste-t-il *là-dessus*?

_____

8. *Vraiment*, tu as de jolies valises.

_____

B. Chantal s'installe chez les Dufarge. Chantal will be staying with the Dufarge family while she studies in France. Complete the story about her getting settled by choosing appropriate terms from the list. Note that each term is already in the correct form and that each choice should be used only once.

blanche	noires	soutien-gorge
chemisier	robe	tailleur
lait solaire	rouges à lèvres	tennis
lunettes de soleil	se bronzer	trousse
maillot de bain	short	vernis
manteau	slips	voyage

Mme Dufarge aide Chantal à défaire son sac de _____. Là-dedans, elle trouve une

 1

jolie _____ en coton, des bottes _____ et un _____ pour porter quand

2   3   4

il fait froid. Quand il fait du soleil, elle va ___ _____. Pour ça, elle a un adorable

 5

_____ _____, du _____ _____ et des _____ ___

6   7   8

_____ . Pour aller à la plage, elle a apporté un _____ rayé, un petit

                                              9

_____ bleu et des _____. Pour aller à l'école, elle a un _____ gris et

10   11   12

une blouse _____. Comme sous-vêtements, il y a un _____-_____ et

13   14

des _____. Dans sa _____ de toilette, il y a deux _____ ___

15   16   17

_____ et un _____ à ongles.

                        18

GRAMMAIRE

Position des adjectifs

Le féminin des adjectifs

C. Comment impressionner. Georges is trying to impress Emilie, so each time she says something, he enthusiastically agrees with her. Create Georges's comments by following the model.

Modèle: Ma maison est grande.

            Mais oui, c'est une grande maison.

1. Mon auto est rouge. _____

2. Ces filles sont blondes. _____

3. Le gilet est cher. _____

4. Les touristes sont français. _____

5. Ces fleurs sont jolies. _____

6. La deux chevaux est petite. _____

7. La femme est sérieuse. _____

8. Ces bottes sont belles. _____

9. Mes chaussures sont marron. _____

10. Les gants sont doux. _____

Les verbes réguliers en *-re*

D. La logique. Use the information in each sentence and the cue in parentheses to write a logical follow-up statement. Depending on the situation, your response may be either affirmative or negative.

Modèle: Vous êtes très patients. (attendre longtemps)
 Vous attendez longtemps.

1. Elle n'entend pas le téléphone. (répondre)

 Elle _____.

2. Je mets les lunettes dans mon sac. (perdre)

 Je _____.

3. Elle n'a pas besoin de sa bicyclette. (vendre)

 Elle _____.

4. Nous allons regarder une vidéo avec nos amis. (rendre visite)

 Nous _____.

5. Charles me donne un dollar. (le rendre)

 Je _____.

6. Ils sont en retard. (attendre l'autobus)

 Ils _____.

7. Le prof te pose une question. (répondre)

 Tu _____.

8. Les garçons parlent très fort avec le prof. (les entendre)

 Il _____.

Le verbe *dormir*

E. Complétez! Complete Aimée and Monique's conversation by writing the correct forms of the verb **sortir**.

AIMEE: Qu'est-ce que tu fais ce soir?

MONIQUE: Je _____ avec Henri.

AIMEE: Il ne _____ pas avec ses amis?

MONIQUE: Non, nous _____ ensemble.

AIMEE: Et Nathalie et Isabelle? Que font-elles?

MONIQUE: Elles _____ aussi. Elles vont au cinéma.

Describe the sleeping arrangements during the Fourchet family's ski vacation by writing the correct forms of the verb **dormir**.

Maman _____ avec papa, bien sûr. Ils _____ dans cette grande chambre. Je

_____ dans ce fauteuil confortable et tu _____ dans l'autre chambre. Nous ne

_____ pas ensemble. Et vous, mes petits, vous _____ dans le garage!

Le passé composé avec *être*

F. Ce n'est pas la routine! Madame Delon went to work this morning as usual, but her day was far from routine. Use the **passé composé** of the verbs in parentheses to tell what happened to her.

Comme toujours, Mme Delon _____ au travail ce matin. Elle _____ et elle
                                    (aller)   (sortir)

_____ pour le bureau. A 5 h 30, elle _____ à la maison. Elle _____ à
   (partir)   (rentrer)   (arriver)

l'heure. Elle y _____ et elle _____ au premier étage. Elle _____ en
                  (entrer)   (monter)   (rester)

haut pendant quelques minutes. Puis, en descendant, elle _____ et elle _____ à
                                                          (tomber)   (aller)

l'hôpital.

G. Un après-midi au parc. Use the **passé composé** of the verbs in parentheses to tell how the Gérard family spent their afternoon. For each answer, remember to choose the correct auxiliary verb—**avoir** or **être**.

Un jour, la famille Gérard _____ d'aller au parc. Ils _____ leurs sacs et ils
                            (décider)   (prendre)

_____ dans l'autobus. Ils _____ au parc. Michel _____ tout de suite au
   (monter)   (aller)   (aller)

terrain de sports. Il _____ au foot. Angélique _____ ses amies. M. et Mme
                       (jouer)   (voir)

Gérard _____ des hot-dogs et ils _____ du Coca. La grand-mère _____
        (acheter)   (boire)   (entendre)

la musique et elle _____ près des musiciens. Elle _____ pendant le concert. Il
                    (aller)   (dormir)

_____ , mais seulement cinq minutes.
   (pleuvoir)

A 5 h 30, les parents _____ les autres membres de la famille. A 6 h, ils _____
                       (chercher)   (sortir)

du parc et ils _____ à la maison. La journée _____ tard.
                (rentrer)   (finir)

Applications

H. Un rendez-vous. Describe your last date in as much detail as possible. Begin with the invitation and follow through to the very end.

_____

_____

_____

_____

_____

_____

_____

_____

_____

_____

_____

_____

_____

_____

I. Questions personnelles. Use complete sentences to answer the following questions about yourself.

1. De quelle couleur sont vos cheveux? _____

2. Quand êtes-vous né(e)? _____

   Où êtes-vous né(e)? _____

3. Quels vêtements portez-vous en ce moment? _____

   _____

4. Qu'est-ce que vous avez fait le week-end passé? _____

   _____

J. Mots croisés.

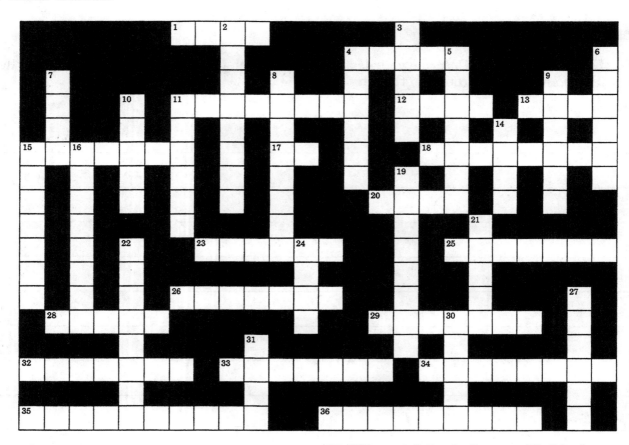

HORIZONTALEMENT

1. Ma petite amie porte une très belle _____ à la fête ce soir.

4. Well, now; look; *literally*: Hold

11. Une chose que l'on peut utiliser quand on éternue

12. Je ne veux pas ce bracelet argenté (*silver*), je préfère celui qui est _____ .

13. Mais tu ne dis pas la vérité! Tu _____ !

15. Ce qu'il faut faire en mobylette pour éviter un accident

17. Participe passé de « naître »

18. Quand on se lave, se brosse les cheveux, etc., ça s'appelle faire sa _____.

20. Le contraire de « elle rentre »: elle _____

23. Ton amie n'est pas petite. Elle est de _____ moyenne.

25. Kidneys (edible)

26. Ton petit ami a des cheveux _____ (clair) (*light brown*), n'est-ce pas?

28. Participe passé de « rendre »

29. Poète moderne qui a écrit « Déjeuner du matin »

32. To go back in; to go back home; to take back in

33. S'ils sont fatigués, ils _____ d'habitude.

34. Synonyme de « réellement »

35. Synonyme de « certainement »

36. C'est une sorte de chapeau et ce n'est pas associé à la mort!

VERTICALEMENT

2. Un pain

3. J'ai _____ ma valise! (C'est le contraire de « trouvé ».)

4. Une chose que l'on peut tirer dans un bureau ou dans une commode

5. Synonyme de « en particulier »

6. Elle n'est pas à la boum (*party*); elle est _____ chez elle.

7. Ça va bien avec un chapeau melon; des gants de _____

8. Un synonyme, plus ou moins, de « pull-over »

9. Un article nécessaire dans un complet

10. Robert _____ ses affaires dans sa chambre.

11. Adjectif invariable. C'est également une sorte de fruit.

14. Ce que l'on peut porter sous le pantalon

15. J'aime manger de la crème _____.

16. Le contraire de « tu as prêté »: tu as _____

19. — Je voudrais acheter des chaussures. — Bien, madame. Quelle est votre _____?

21. Synonyme de « tôt »: de _____ heure

22. Partie d'une armoire pour les vestes, etc.

24. _____ solaire (*tanning lotion*)

27. Elle est beaucoup plus claire que la bière brune: la bière _____.

30. Dans un arc-en-ciel, c'est près du jaune (au féminin)

31. — Mon ami n'aime pas ma jupe. — Chacun son _____ .

CHAPITRE 9   *La mobylette*

EXERCICES ECRITS

VOCABULAIRE

A. Synonymes et expressions approximatives. Study the following list of **Synonymes et expressions approximatives**. Then rewrite each sentence, substituting an appropriate new term for the term in italics.

    ta mob = ta mobylette
    en bon état = en bonne condition
    d'en prendre soin = de la traiter avec soin
    je ne saurai pas = je ne vais pas savoir
    N'aie pas peur! = Ne perds pas la tête! Pas de panique!
    nous allons nous promener en ville = nous allons faire un tour, nous allons visiter la ville
    N'exagère pas! = Ne dépasse pas la mesure! Ne dépasse pas les bornes! Ne bluffe pas!
    la priorité à droite = que les voitures venant de droite passent toujours d'abord
    Ne perds jamais la tête! = Ne t'affole jamais!
    d'après Sacha Guitry = selon Sacha Guitry
    la fâcheuse habitude = la mauvaise habitude, la regrettable habitude
    tu leur laisses le passage = tu les laisses passer, tu leur cèdes le droit de passer
    ne t'aventure pas = ne te risque pas, ne te hasarde pas
    au cas où = si, dans le cas où, supposé que
    arrêté = appréhendé
    un flic = un agent de police

1. Voilà *ta mob*. _____

2. Mon auto est *en bon état*. _____

3. Il est nécessaire *d'en prendre soin*. _____

4. Ecoute, mon vieux, *n'aie pas peur!*

   _____

5. *Je ne saurai pas* la conduire.

   _____

6. Je prends ma mob et *nous allons nous promener en ville*.

   _____

7. *N'exagère pas*, Nicole! _____

8. N'oublie pas *la priorité à droite*.

_____

9. Robert, *ne perds jamais la tête!* _____

10. *D'après Sacha Guitry*, un piéton est un animal.

_____

11. Les piétons ont *la fâcheuse habitude* de traverser sans regarder.

_____

12. Quand tu conduis, *tu leur laisses le passage*.

_____

13. *Ne t'aventure pas* dans les rues sans papiers.

_____

14. Il faut avoir les papiers nécessaires *au cas où* tu as un accident.

_____

15. Robert a été *arrêté* hier.

_____

16. *Un flic* nous a aidés.

_____

B. C'est logique? Read each pair of sentences and decide if they are logical. If they are, write **C'est logique**. If they are not, rewrite one of the sentences to make the pair logical.

1. Stéphanie se sent malade. Elle va appeler le médecin.

_____

2. Il déteste M. Popette. Il lui téléphone souvent.

_____

3. J'ai le nez qui coule. Je cherche mon mouchoir.

_____

4. Tu n'entends pas la question de ta mère. Tu lui réponds.

_____

5. Nous avons faim. Nous buvons de la tisane.

_____

6. J'éternue tout le temps. J'ai mal au dos.

_____

7. Vous avez attrapé un rhume. Le médecin prescrit des comprimés.

_____

8. Tu as mal aux dents? Va chez le dentiste.

_____

9. Je n'entends rien du tout. J'ai un problème avec mes orteils.

_____

GRAMMAIRE
Les pronoms compléments d'objet indirect

C. Substitutions. Rewrite each sentence, replacing the preposition and indirect object noun with an indirect object pronoun.

1. Tu parles à tes amis. _____

2. Parlez-vous aux touristes? _____

3. Serge va répondre au professeur. _____

4. Christelle ne téléphone pas à Yannick. _____

5. Je dis « Salut! » à Guillaume et à Xavier. _____

6. Elles ont obéi au flic. _____

Now do the opposite: rewrite each sentence by replacing the indirect object pronoun with a preposition and a logical indirect object noun. Be creative!

Modèle: Je lui téléphone.
       Je téléphone à Gérard Depardieu.
       or
       Je téléphone à ma mère.

7. Nous leur rendons visite.

_____

8. Ma mère ne lui obéit pas.

_____

9. Je lui parle souvent.

_____

10. Donald Trump lui achète une villa.

   _____

11. Je vais leur rendre visite ce week-end.

   _____

12. Nous leur donnons de l'argent.

   _____

Y et *en*

D. Un voyage agréable. Suzette has just gotten back from a long trip and her friend Marie-Claude is eager to hear all the details. Use the pronouns **y** and **en** to create Suzette's answers to Marie-Claude's questions. Note that some of her answers are negative.

1. Tu as envoyé des cartes postales?

   Oui, _____.

2. Tu es allée à la plage?

   Oui, _____.

3. Tu es descendue chez les Fragon?

   Non, _____.

4. Tu as vu des monuments?

   Oui, _____.

5. Tu as bu beaucoup de vin?

   Non, _____.

6. Tu as dîné dans le restaurant la Tour d'Argent?

   Non, _____.

7. Tu es restée longtemps en Provence?

   Oui, _____.

8. Tu as nagé dans la Méditerranée?

   Oui, _____.

9. Tu as acheté des souvenirs?

   Oui, _____.

E. Préparations. You are planning a party. In preparation, you've made a list matching the friends who have offered to help and the tasks that need to be done. Use the cues and an object pronoun to give commands to the person or persons that are indicated.

Modèle: Charles: téléphoner aux amis
Charles, téléphone-leur!

1. Paulette et Jeanne: m'aider

   _____

2. Jean-François: acheter des cadeaux

   _____

3. Marguerite: inviter les garçons

   _____

4. Nicole: ne pas inviter Ariel

   _____

5. Bruno: parler à maman

   _____

6. Pascal et Daniel: demander à Marcel d'y assister

   _____

7. Victor: montrer le placard

   _____

8. Antoine: porter le toast

   _____

9. Jean-Pierre et Ariane: choisir la musique

   _____

Les nombres ordinaux

F. En ordre. Write the ordinal numbers that immediately precede and follow each of the following numbers.

_____	deuxième	_____
_____	cinquième	_____
_____	dixième	_____
_____	seizième	_____
_____	vingtième	_____

Les verbes pronominaux

G. La routine du soir. People all have their own daily routines. Describe each person's evening routine by saying that he or she does the first thing but does not do the second thing.

Modèle: Jacques / se doucher / se raser
Jacques se douche, mais il ne se rase pas.

1. Monique / se baigner / s'habiller

   _____

2. Nous / se coucher / se dépêcher

   _____

3. Tu / se peigner / se brosser

   _____

4. Je / se laver / se coucher tôt

   _____

5. Vous / s'ennuyer / se parler

   _____

6. Gisèle et Caroline / se promener / s'arrêter chez des amis

   _____

Le passé composé des verbes pronominaux

H. Une mauvaise journée. It's been a rough day. Use the cues and the correct form of the **passé composé** to tell what each person did.

1. 5 h 30 / Philippe / se lever

   _____

2. 5 h 45 / Marie-Ange / se doucher

   _____

3. 6 h / je / s'habiller

   _____

4. 6 h 15 / tu / se brosser les dents

   _____

5. 6 h 20 / vous / se peigner

   _____

6. 6 h 30 / nous / se dépêcher

   _____

7. 8 h / je / s'énerver

_____

8. 9 h / mon mari / se tromper

_____

9. 10 h / la secrétaire / s'absenter du bureau

_____

10. 10 h 30 / nous / s'écrier « Zut alors! »

_____

APPLICATIONS

I. Chaque matin. Describe your roommate's or friend's routine, using as much detail as possible.

_____

_____

_____

_____

_____

_____

_____

_____

J. Ce matin. Describe exactly what you did this morning, starting with the moment you woke up.

_____

_____

_____

_____

_____

_____

_____

_____

K. Mots croisés.

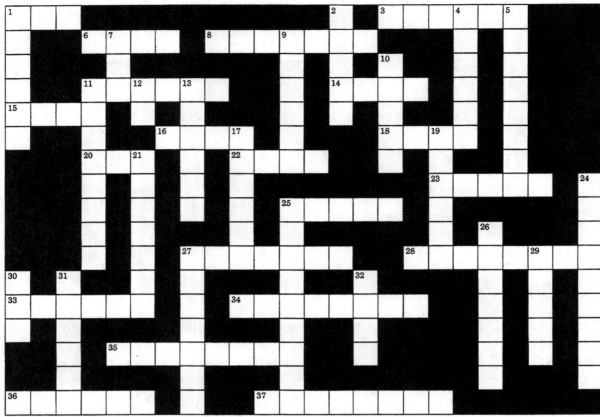

HORIZONTALEMENT

1. Animal très têtu, très obstiné
3. Le contraire de « toujours » : « ne... _____ »
6. Synonyme familier de « policier »
8. Voilà les agents de police. _____-les passer.
11. La voiture s'est arrêtée et le _____ a pu traverser.
14. La peine maximum permise par la loi du talion : « œil pour œil, _____ pour _____ »
15. Tu connais mes amis? Je _____ ai souvent demandé des conseils.
16. Quand j'ai pris la voiture, elle était en bon _____ , en bonne condition.
18. Marguerite s'est-elle _____ les mains avant de dîner?
20. Mot familier (*colloquial*) pour un véhicule motorisé à deux roues
22. Resembles the name of many French kings, but has to do with their ears! « L' _____ »
23. Alain et Gabriel avaient (*had*) une barbe. Mais ils se sont enfin _____.
25. Il faut savoir la différence entre le cou et le _____ (partie du bras) !

27. Pour éviter un accident en roulant, il faut _____ .
28. Attention! La chaussée n'est plus aussi large, elle est _____.
33. Grâce à ce sens, on peut apprécier le parfum des fleurs.
34. Quand on conduit, il faut comprendre la signalisation _____.
35. Jacqueline n'est pas en classe. Elle s'est _____ pour aller chez le médecin.
36. Le pauvre Julien a de la _____ . Donne-lui de l'aspirine pour la faire tomber.
37. Reste derrière cette voiture ! Il y a une interdiction absolue de _____ là !

VERTICALEMENT

1. Pas de panique! Ne t' _____ pas!
2. Le contraire de « tu gagnes » : « tu _____ »
4. Le chauffeur a roulé trop vite. Un flic l'a _____ .
5. Première université de Paris, fondée en 1257
7. Voilà ta copine Iris. Est-ce que tu _____ as téléphoné hier ?
9. « Savoir » à la 1ère personne du singulier, au futur

10. Chose au bout des doigts

11. Robert va se _____ en ville en mobylette.

12. —Le malade prend-il du bouillon de légumes?
    —Oui, il _____ prend.

13. Synonyme de « doigt de pied »

17. Si on est enrhumé, on _____ probablement.

19. Sur les routes en montagne, ça tourne
    beaucoup. Il y a plus d'un _____ dangereux.

21. Pas silencieux, pas tranquille

24. Où on met le mélange (l'essence + l'huile)
    dans une mobylette

25. Un, deux, trois, quatre... C'est la _____ fois que
    le médecin écoute mes poumons!

26. Cet animal fait le son : « Croa croa! »

27. C'est mauvais, c'est regrettable, c'est _____.

29. Voilà la pauvre Marguerite! Elle éternue
    beaucoup. Elle a le nez qui _____.

30. Part of a square-dancing expression: « _____ à
    _____ ».

31. Robert se _____ maintenant. Il a fait beaucoup
    de gymnastique.

32. Un des rares mots féminins se terminant en
    -eau; partie du corps

CHAPITRE 10 *Devant la cathédrale*

EXERCICES ECRITS

VOCABULAIRE

A. Synonymes et expressions approximatives. Study the following list of **Synonymes et expressions approximatives**. Then rewrite each sentence, substituting an appropriate new term for the term in italics.

> C'est incroyable! = C'est inimaginable! C'est fantastique! C'est étonnant!
> un bâtiment = un édifice
> tu t'es écrié = tu as poussé des cris d'admiration, tu t'es exclamé
> Te souviens-tu de son histoire? = Te rappelles-tu son histoire?
> Te rends-tu compte? = Comprends-tu? Saisis-tu?
> presque = à peu près
> cinq portails = cinq portes d'entrée monumentales
> important = considérable, grand
> des vitraux (*m. pl.*) = des fenêtres faites de verres colorés
> la nef = la partie centrale de l'église en forme de navire (bateau)
> plus lentement = moins vite
> je te prie = s'il te plaît
> des merveilles (*f. pl.*) = des choses admirables (*f. pl.*)
> impressionnant = grandiose
> décrit = dépeint
> tu n'en as pas besoin = tu peux t'en passer
> apprécier = estimer
> de me le rendre = de me le redonner

1. Voici un livre qui *décrit* la cathédrale.

   _____

2. La cathédrale Saint-Etienne est la seule cathédrale avec cinq *portails*.

   _____

3. Oh là là! C'est *impressionnant!*

   _____

4. N'oubliez pas *de me le rendre.*

   _____

5. Quel grand *bâtiment! C'est incroyable!*

   _____

6. Parlez *plus lentement*, s'il vous plaît.

   _____

7. La première fois que tu l'as vue, *tu t'es écrié.*

   _____

8. *Te rends-tu compte* que Saint-Etienne date du douzième et du treizième siècles?

   _____

9. *Te souviens-tu de son histoire?*

   _____

10. Elle est là depuis *presque* huit siècles.

    _____

11. C'est le bâtiment le plus *important* de la ville.

    _____

12. Cette cathédrale a le plus grand nombre de *vitraux* et la plus grande *nef.*

    _____

13. Prends-le, *je te prie.*

    _____

14. Nous verrons de véritables *merveilles* dans la cathédrale.

    _____

15. Un guide? *Tu n'en as pas besoin.*

    _____

B. Définitions. Find the terms from Chapter 10 that best fit the following definitions.

1. une grande église _____

2. pour voyager sur l'océan _____

3. habite à côté de nous _____

4. montre la ville aux touristes _____

5. pour écouter la musique _____

6. le contraire de *vite* _____

7. la porte de l'église _____

8. cent ans _____

9. à la plage _____

10. beaucoup de monde _____

11. ça ne coûte pas _____

12. beaucoup de _____

GRAMMAIRE
Emploi du présent avec *depuis* et *il y a*

C. Depuis quand? Thérèse and Monique have just met. Use **depuis** and the cues to construct both Thérèse's questions and Monique's answers.

Modèle: habiter ici / dix ans THERESE: **Depuis combien de temps habites-tu ici?**
MONIQUE: **J'habite ici depuis dix ans.**

1. conduire / l'âge de 18 ans

THERESE: _____

MONIQUE: _____

2. étudier / le 4 février

THERESE: _____

MONIQUE: _____

3. avoir mal au dos / samedi

THERESE: _____

MONIQUE: _____

4. parler japonais / trois ans

THERESE: _____

MONIQUE: _____

5. se peigner comme ça / quelques mois

THERESE: _____

MONIQUE: _____

6. attendre / deux heures

THERESE: _____

MONIQUE: _____

Le futur

D. Un avenir heureux. Do you believe in happy endings? Read what each person would like to do in the future. Then use the future tense to say that that's exactly what will happen.

Modèle: Je veux avoir un job intéressant.
Tu auras un job intéressant.

1. Je veux écrire un livre.

_____

2. Jacques veut voyager beaucoup.

_____

3. Monique veut gagner beaucoup d'argent.

_____

4. Nous voulons aller à Rome.

_____

5. Tu veux acheter une Mercédès.

_____

6. Rachel veut être présidente des Etats-Unis.

_____

7. Vous voulez habiter à New York.

_____

8. Sarah et Jacqueline veulent apprendre le japonais.

_____

9. Je veux faire la connaissance de ____.

_____

10. Nous voulons avoir des enfants.

_____

11. Didier veut être marié.

_____

12. Denise veut être millionnaire.

_____

E. Mon avenir. Give a glimpse of your future by completing the following sentences. Remember to use the future tense.

1. Dès que j'aurai 45 ans, _____.

2. Quand je me marierai, _____.

3. Lorsque je serai riche, _____.

4. Aussitôt que je travaillerai, _____.

5. Quand je voterai, _____.

6. Dès que je serai indépendant(e), _____.

Les prépositions avec les noms de lieux

F. Un long voyage. Antoine is going on a world tour. Name the city and country where he will see each of the following sights.

Modèle: la tour Sears
   Il verra la tour Sears à Chicago, aux Etats-Unis.

1. la tour Eiffel _____

2. la tour de Pise _____

3. le Sphinx _____

4. Big Ben _____

5. la cathédrale Saint-Etienne _____

6. la Maison blanche _____

7. le Parthénon _____

8. le Carnaval de Rio _____

Les verbes *dire, lire* et *conduire*

G. Un week-end typique. Marianne is describing how she and her family usually spend their weekends. Complete each sentence with the correct form of the most logical verb: **dire, lire,** or **conduire.**

1. Je _____ le journal après le dîner.

2. Nous _____ mon petit frère au parc.

3. Ma sœur _____ des livres.

4. Vous _____ que vous vous sentez malade.

5. Tu _____ ta sœur au centre commercial.

6. Maman et papa _____ mes grands-parents au supermarché.

7. Ils me _____ d'étudier plus.

8. Nous _____ des cartes postales.

9. Je ne _____ jamais l'auto de mes parents.

10. Tu _____ de commander de la pizza.

APPLICATIONS

H. Par deux. Write at least six questions to ask a partner about his or her future. Where will your partner live, work, etc.? Use **tu.**

_____

_____

_____

_____

_____

_____

_____

_____

_____

_____

Ask your partner the questions you have written and report his or her answers using **il** or **elle.**

_____

_____

_____

_____

_____

_____

I. La science-fiction. Describe what you think the world will be like in 100 years. Use as much detail as possible to tell how things will look and how people will live. Will you be part of the picture?

_____

_____

_____

_____

_____

_____

_____

_____

_____

_____

_____

_____

J. Mots croisés.

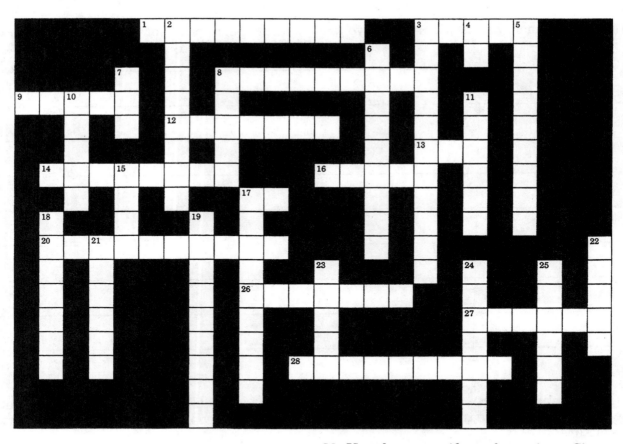

HORIZONTALEMENT

1. Animal « exotique » que l'on trouve en Australie

3. Pars-tu vraiment pour le _____ , Robert? Tu pourras visiter les pyramides.

8. Robert et Marguerite ne _____ pas leurs billets de train aller et retour. Ils en auront besoin.

9. Théophile Gautier (1811–1872) a écrit « Le Roman de la _____ » (un cadavre embaumé, souvent égyptien).

12. Synonyme de « bâtiment » : un _____

13. M. Fourchet ne dort pas. Il _____ un roman (*novel*) de Gautier.

14. On peut entrer dans la cathédrale Saint-Etienne par l'un des cinq grands _____ .

16. Quand je _____ en Pologne, j'apprendrai à parler polonais.

17. Sur l'autoroute 93 on voit : « Bienvenue _____ New Hampshire ».

20. On n'arrive pas à y croire. C'est _____!

26. Le poète symboliste Verlaine (1844–1896) a écrit : « De la _____ avant toute chose! ».

27. Ah, Henri, tu pars en vacances! Es-tu un _____ du Club Méditerranée?

28. Une chose magnifique, fantastique. C'est une _____ .

VERTICALEMENT

2. C'est un genre d'architecture que j'aime. Je l' _____ beaucoup.

3. En ce qui concerne la religion, 80% des Français sont _____.

4. J'ai acheté un micro-ordinateur _____ y a trois ans.

5. J'aime cette plage. Mais cette année elle est _____ de touristes!

6. C'est Pierre de _____ qui a organisé les premiers Jeux olympiques modernes.

7. Partie centrale d'une église : la _____

8. En France aussi, on fête Hanouka. Il y a environ 600.000 Français qui sont _____.

10. Ce pays nord-africain et francophone a depuis longtemps un traité (*treaty*) avec les Etats-Unis.

11. Ancien nom de Paris

15. Une partie en haut de l'église. Quasimodo y a habité : une _____.

17. Ce pays européen a des frontières (*borders*) communes avec neuf pays.

18. La cathédrale St-Etienne en possède le plus grand nombre de ces choses.

19. En juillet et en août, le _____ français se retrouve sur les routes et il y a de nombreux bouchons.

21. Grâce aux efforts du socialiste Léon Blum, ils sont payés depuis 1936.

22. Les Américains sont décontractés? A qui le _____-vous! (*You're telling ME!*). Conj. de « dire ».

23. Voilà, madame. Ce cabinet de toilette n'est plus occupé. Il est _____.

24. Jeanne d'Arc a été trahie (*betrayed*) en quelque sorte par _____ VII en 1431.

25. Henri, _____ combien de temps fréquentes-tu ce club ?

CHAPITRE 11 *Un accident*

EXERCICES ECRITS

VOCABULAIRE

A. Synonymes et expressions approximatives. Study the following list of **Synonymes et expressions approximatives**. Then rewrite each sentence, substituting an appropriate new term for the term in italics.

se tamponnent = se heurtent, se rencontrent avec violence
il saute = il s'élance
en gesticulant = en faisant beaucoup de gestes
une pochette-surprise = un petit paquet qu'on achète sans en connaître le contenu
aveugle = privé de vue, il ne voit pas
Tu as brûlé un feu! = Tu n'as pas respecté le signal d'arrêt! = Tu ne t'es pas arrêté au feu rouge!
tu as enfoncé = tu es entré profondément dans
des badauds (*m. pl.*) = des personnes qui passent leur temps à regarder longuement ce qu'ils voient
bouche bée = curieux et un peu surpris
s'attroupent = se rassemblent en groupe
des témoins (*m. pl.*) = des personnes qui ont vu quelque chose et qui peuvent le certifier/l'attester
écartez-vous! = éloignez-vous!
hurler = pousser des cris
les dégâts (*m. pl.*) = les dommages (*m. pl.*)
amener = conduire
vos constats (*m. pl.*) à l'amiable = vos déclarations (*f. pl.*) d'accident faites (vos rapports [*m. pl.*] faits) avec conciliation

1. Nicole et Robert voient deux voitures qui *se tamponnent*.

   _____

2. Le conducteur *saute* de sa voiture tout *en gesticulant*.

   _____

3. Est-ce que tu as trouvé ton permis de conduire dans *une pochette-surprise?*

   _____

4. C'est toi, crétin, qui es *aveugle!*

   _____

5. Tu ne vois pas clair? *Tu as brûlé un feu!*

_____

6. Tu *as enfoncé* ma porte!

_____

7. Après un accident, il y a toujours beaucoup de *badauds* qui *s'attroupent.*

_____

8. L'agent de police dit: « Si vous n'êtes pas *témoins, écartez-vous!* Allez! Allez! »

_____

9. Montrez-moi vos papiers et cessez de *hurler* comme des fous!

_____

10. Expliquez-moi votre histoire et décrivez *les dégâts.*

_____

11. S'ils n'ont pas de papiers, l'agent de police va les *amener* au commissariat de police.

_____

12. Faites *vos constats à l'amiable!*

_____

B. Le héros. Complete Laurent's story with appropriate terms from the list.

ambulance	hôpital	numéro d'urgence
bouche d'eau	incendie	pompiers
chat	infirmières	téléphone
docteur	lui	tuyau
fumée	incommodé	

Laurent rentre à la maison quand il voit de la _____ qui sort des

fenêtres. « Mon Dieu! » dit-il. Il se précipite sur le _____ et compose

le 18, le _____. Maintenant il peut voir que c'est un véritable

_____. Les _____ arrivent et attachent

immédiatement le _____ à la _____.

Tout à coup, Laurent voit son _____ gris à une fenêtre. Il monte

jusqu'à la fenêtre et prend l'animal. Mais il se sent _____ à cause de

la fumée et un pompier le fait monter dans l'_____. Ils vont

EE-96

Nom: _____ *Classe:* _____ *Date:* _____

directement à l'_____ où il est traité par un

_____ et deux _____. Puis il rentre chez

_____ avec son chat, pour nettoyer et réparer sa maison.

GRAMMAIRE
Le partitif *de*

C. Combien? Monique keeps making vague statements about things she has and does, but Thierry wants more specific information. Rewrite Monique's statements, adding the cue in parentheses and making any other necessary changes.

1. J'achète du dentifrice. (un tube)

   _____

2. Je bois du vin. (une bouteille)

   _____

3. Je bois aussi de l'eau minérale. (beaucoup)

   _____

4. Je choisis des fraises. (un kilo)

   _____

5. Je gagne 60 dollars par jour. (moins)

   _____

6. J'ai des amis. (pas mal)

   _____

7. Je prends du citron pressé. (un verre)

   _____

8. J'ai du courage. (assez)

   _____

9. Je lis des livres. (beaucoup)

   _____

10. J'achète du Coca. (un litre)

   _____

D. Je n'ai rien. Poor Sylvie! She has none of the things Thomas asks her about. Give her answers, all negative, making all necessary changes.

1. As-tu du savon? Non, _____.

2. As-tu de la bière? Non, _____.

3. As-tu des chaussettes? Non, _____.

4. As-tu une radio? Non, _____.

5. As-tu des voisins sympa? Non, _____.

6. As-tu un peigne? Non, _____.

7. As-tu du rouge à lèvres? Non, _____.

8. As-tu un portefeuille? Non, _____.

9. As-tu de la mousse à raser? Non, _____.

Autres expressions négatives

E. Le pauvre! What conclusions would you draw about the following people? Use the cue in parentheses and the expression **ne... rien, ne... jamais,** or **ne... plus** to make a follow-up comment about each person.

Modèle: Paul dort. (faire)
 Il ne fait rien.

1. Tu es complètement silencieux. (dire)

_____

2. Je ne connais pas Lyon. (visiter)

_____

3. Ils ont été très riches, mais maintenant ils sont pauvres. (voyager)

_____

4. Nous préparons nos examens. (organiser des soirées)

_____

5. Solange reste chez elle maintenant. (sortir avec Patrick)

_____

6. J'ai oublié tous mes bagages à l'aéroport. (avoir)

_____

7. Ces garçons sont très timides. (inviter des filles à sortir avec eux)

_____

8. Tu veux maigrir avant les vacances. (manger de la glace)

_____

Le verbe *connaître*

F. Vos amis. Use the correct form of the appropriate verb—**connaître** or **savoir**—to tell what each person knows or does not know.

1. Je _____ danser le tango.

2. Nous _____ bien la France.

3. Louise _____ chanter des blues.

4. Didier _____ mon adresse.

5. Tu ne _____ pas la date.

6. Gaston et Nicole _____ les peintures de Van Gogh.

7. Je ne _____ pas bien cette ville.

8. Est-ce que tu _____ la femme à côté de toi?

9. Est-ce que vous _____ où se trouve un bon restaurant français?

10. Elise _____ bien mes amis.

Les pronoms personnels toniques

G. Toi et moi. Complete Christophe's comments with the subject or stress pronouns that correspond to the person being discussed.

1. Pierre est mon camarade de chambre. _____ est fort et beau.

   Je vais souvent chez _____. _____

   et moi, nous sortons ensemble. Je suis plus grand que _____.

2. Hélène est ma petite amie. J'aime dîner avec _____.

   _____ est hyper sympa. Sa sœur est super intelligente et

   _____, elle n'est pas bête non plus. Je pense souvent à

   _____.

3. Georges et Lucie sont mes voisins. _____ habitent près de moi.

Nous allons souvent en classe à pied, _____ et moi. D'habitude,

c'est moi qui vais chez _____, mais parfois ce sont

_____ qui me rendent visite. _____

font la cuisine mieux que _____, mais je conduis mieux

qu'_____.

H. Avec qui? Avec lui? Rewrite each sentence, replacing the words in italics with a stress pronoun.

1. Nous sortons avec *Geneviève.*

_____

2. *Isabelle et moi,* nous n'aimons pas ça.

_____

3. Je vais chez *Charles et Simone.*

_____

4. C'est *Odile* qui m'a téléphoné.

_____

5. Je m'assieds près de *Martine et Julia.*

_____

6. Ces papiers sont à *Frédérick.*

_____

7. Vous êtes plus intelligents que *mes amis et moi.*

_____

L'adjectif interrogatif *quel*

I. Qu'est-ce que vous préférez? You are shopping with a friend. Use the correct forms of **quel** to find out which items he plans to buy.

1. — _____ veste achètes-tu? — Cette veste-ci.

2. — _____ robe? — Cette robe-ci, pour maman.

3. — _____ pantalon? — Ce pantalon-ci.

4. — _____ pardessus? — Ce pardessus-ci.

5. — _____ chaussures? — Ces chaussures-ci.

6. — _____ livres? — Ces livres-là.

7. — _____ complet? — Ce complet-ci.

8. — _____ socquettes? — Ces socquettes-là.

9. — _____ jean? — Ce jean-ci.

10. — _____ sandales? — Ces jolies sandales-ci.

APPLICATIONS

J. Au régime. You have just decided to go on a diet. Tell what you will no longer eat, what you will never eat, what you will eat, and how much you will eat.

_____

_____

_____

_____

_____

_____

_____

_____

_____

_____

_____

_____

K. Au secours! With a classmate, make up a story or conversation based on one of the following situations.

1. Your instructor secretly lives a life of crime, but his or her luck is about to run out. Describe your instructor's criminal activities and what happens when he or she is caught.

2. You are at a café with a date whom you are trying to impress. Signal the waitperson and place your order.

3. A French student and an American exchange student are comparing driving habits and traffic accidents in France and the United States.

L. Mots problématiques.

Chose, quelque chose, truc, machin, bidule, un tel

Une chose is the most frequently used equivalent of *thing*. It is used to refer to something nonspecific.

> Avez-vous toutes vos **choses?** *Do you have all your **things?***

Chose may also refer to ideas.

> — Pensez-vous à la guerre? — *Do you think about the war?*
> — Non, c'est **une chose** à laquelle je — *No, it's **something** I don't want to think*
>   ne veux pas penser. *about.*

Quelque chose (*something*) may be used with **de** + adjective. The adjective is always in the masculine singular.

> Je désire **quelque chose de beau, de** *I want **something beautiful, big, good.***
>   **grand, de bon.**

Le truc may refer to something or someone whose name you have forgotten.

> Comment appelez-vous **ce truc-là?** *What do you call **that (thing)?***
> C'est **Truc** qui me l'a dit. *It's **What's-his (her)-name** who told me*
>   *so.*

Le machin is another word with a similar meaning.

> A quoi sert **ce machin (ce truc)?** *What's **that (thing)** used for?*
> Hier j'ai rencontré **Machin.** *Yesterday I met **So-and-so.***

Bidule is always singular in French, but its English equivalent may be either singular or plural.

> Ramasse **ton bidule** et cherchons un *Pick up **your thing(s)** and let's look for a*
>   taxi. *cab.*

To refer to a family name you have forgotten or do not want to specify, you may say:

> **M. Un tel et Mme Une telle (la** *Mr. and Mrs. So-and-so...*
>   **famille Untel)...**

Les choses. Write original sentences using the following words. Use your imagination and be creative!

1. chose _____

2. truc _____

3. quelque chose _____

4. machin _____

5. bidule _____

6. Untel _____

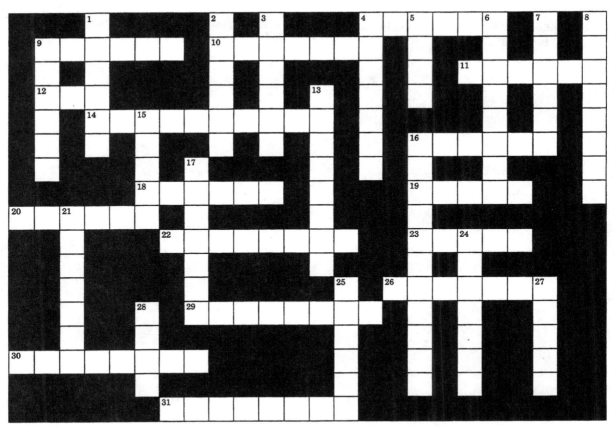

Nom: _____ Classe: _____ Date: _____

M. Mots croisés.

HORIZONTALEMENT

4. A chaque jour _____ sa peine.

9. La _____ n'est jamais allée plus rapidement que le lièvre, mais elle a gagné quand même!

10. Privé de vue

11. « _____ quelqu'un en voiture ». Cela veut dire: « *to give someone a ride* ».

12. Le chauffeur qui possède une Mercédès est riche. Il a pas _____ d'argent.

14. Prendre les _____ digitales, c'est une procédure normale de la police.

16. Vous avez gagné à la loterie? Vous avez de la _____ !

18. Une pièce célèbre d'Ionesco: *La cantatrice* _____

19. L'avion est un _____ de transport cher.

20. Synonyme de « truc »

22. C'est un hôpital privé: une _____ .

23. Marguerite vient acheter une mobylette neuve. Maintenant, elle veut la _____ .

26. C'est moi qui _____ le prof que tu admires. Je le _____ depuis trois ans déjà.

29. Costume de femme

30. Peu après: dans _____ instants

31. Forme de médicament. Cela ressemble à un bonbon.

VERTICALEMENT

1. L'auto ne s'est pas arrêtée. On l'a vue _____ un feu rouge.

2. « *Whoosis.* » P.e.: « Hier j'ai rencontré _____ (ou: _____-Chouette) ».

3. C'est presque l'homophone du nom d'un peintre français célèbre (1834–1917). Synonyme de « dommages ».

4. Le _____ est toujours compris dans les restaurants français. C'est la loi.

5. Un policier, c'est un « _____ » en argot (*slang*).

6. Je viens de voir un accident où une voiture a _____ une mobylette.

7. Pas raisonnable

8. Move along!

9. Celui qui observe un accident ou un autre incident

13. C'est le représentant de la société qui fournit la protection financière en cas d'accident.

15. « Faire du _____ », c'est un synonyme canadien de « faire de l'auto-stop ».

16. La personne qui commet un vol dans un véhicule ou dans un bâtiment

17. De la discussion _____ la lumière.

21. Pour indiquer que le client a payé, le garçon _____ la moitié du ticket

24. Auteur français contemporain célèbre qui a écrit *Les carnets du major Thompson*

25. _____ cathédrale magnifique! Elle est belle!

27. _____-vous nager? Cela vaut mieux quand on est à la plage.

28. Le contraire de « gens raisonnables »

CHAPITRE 12 *En famille*

EXERCICES ECRITS

VOCABULAIRE

A. Synonymes et expressions approximatives. Study the following list of **Synonymes et expressions approximatives**. Then rewrite each sentence, substituting an appropriate new term for the term in italics.

les nouvelles (*f. pl.*) = les informations (*f. pl.*), les actualités (*f. pl.*)
de temps en temps = de temps à autre, parfois, quelquefois
où on habite = où on vit
la chaîne à péage = le câble
ce qui me plaît = ce que j'aime
les émissions (*f. pl.*) = ce que l'on transmet (ce qui se passe) à la télévision
interrompues = coupées
constantes = continuelles
baissez le ton de votre conversation = parlez moins fort
grandioses = imposantes, majestueuses
grave = sérieux
drôle = amusant

1. On va voir *les informations*.

   _____

2. Je la regarde *de temps en temps*.

   _____

3. Cela dépend *où on habite*.

   _____

4. Nous avons *les chaînes à péage*.

   _____

5. En France, *ce qui me plaît* c'est que *les émissions* ne sont pas *interrompues*.

   _____

6. Je n'aime pas les *constantes* intermissions qui coupent les émissions aux Etats-Unis.

   _____

7. *Baissez le ton de votre conversation*, s'il vous plaît.

_____

8. Ce sont les choses *grandioses* qui m'impressionnent le plus.

_____

9. Nous avons vu un accident *pas grave*.

_____

B. Identifications. Write the names next to the items pictured. Follow the model.

Modèle:

C'est un baladeur. _____

1.

_____

2.

_____

3.

_____

4.

_____

5.

_____

6.

7.

8.

9.

GRAMMAIRE

Le verbe *mettre*

C. Qu'est-ce que je vais mettre aujourd'hui? What you wear depends on the weather and your plans for the day. Use the cues and the correct form of the verb **mettre** to tell what each person is putting on today.

1. Nous / un manteau

   _____

2. Céline / une robe de soie

   _____

3. M. Départ / un blouson en cuir

   _____

4. Je / un blazer

_____

5. Céleste et Rose / des bottes

_____

6. Vous / des gants de laine

_____

7. Tu / un pull-over

_____

8. Dominique / un chandail

_____

9. Tu / un pyjama

_____

D. Complétez! Complete each sentence with the correct form of **promettre**, **admettre**, **permettre**, or **se mettre**.

1. Nous _____ à nos parents d'obéir.

2. Le cambrioleur _____ à l'inspecteur qu'il a volé ces choses.

3. Je te _____ d'emprunter mon auto.

4. Tu me _____ de rentrer à l'heure.

5. Vous _____ aux enfants d'aller au cinéma.

6. Ils _____ qu'ils ont pris le portefeuille.

7. Le bébé _____ à pleurer.

8. Je _____ à apprendre l'espagnol dès que j'aurai le temps.

Position des pronoms compléments d'objet

E. S'il te plaît. Your French friend keeps asking you questions. Answer each query using the cue in parentheses and two object pronouns.

Modèle: Tu me prêtes ta mob? (Non)
   Non, je ne te la prête pas.

1. Tu me prêtes ta raquette de tennis? (Oui)

_____

2. Tu donnes ta voiture à Henri? (Non)

_____

3. Tu me montres tes devoirs? (Non)

_____

4. Tu vends tes livres à Jules? (Oui)

_____

5. Tu rends ce papier à Jean-Marc? (Oui)

_____

6. Tu m'offres un verre? (Oui)

_____

7. Tu nous donnes ton numéro de téléphone? (Non)

_____

8. Tu vas me rendre visite à l'hôpital? (Oui)

_____

9. Tu vas nous donner ta photo? (Non)

_____

10. Tu me sers à la cafétéria? (Non)

_____

11. Tu passes tes notes aux autres étudiants? (Oui)

_____

Les pronoms compléments avec l'impératif

F. Bien sûr! Now your French friend wants advice on whether or not he should do certain things. Tell him to do them, using two object pronouns in each response.

Modèle:　Je prête ma mob à Jacques?
Oui, prête-la-lui!

1. Je prête ma bicyclette à mes amis? _____

2. Je raconte mon histoire au professeur? _____

3. Je donne de l'argent à Serge? _____

4. Je mets cette lettre à la poste? _____

5. Je montre mon permis de conduire à l'agent de police? _____

6. J'apporte des souvenirs à mes parents? _____

7. Je te sers de la salade? _____

8. Je vous donne le téléphone? _____

9. Je vous donne mon magnétoscope? _____

Les adverbes

G. Un discours. Yvette and her classmates gave their first public speeches today. Describe how each of them spoke by changing the adjective into an adverb and putting it in the correct place.

Modèle: Yvette / clair
           Yvette a parlé clairement.

1. Grégoire / lent _____

2. Je / intelligent _____

3. François / gentil _____

4. Jeanne / libre _____

5. Viviane / rapide _____

6. Mon amie / patient _____

7. Luc / méchant _____

8. Denise / correct _____

H. Comment? Add the cue in parentheses to explain how each person did something. Pay attention to placement.

1. Ils sont espagnols? Ils parlent espagnol. (sans doute)

   _____

2. Je n'ai pas pu finir mes études à l'université. (malheureusement)

   _____

3. Tu as continué à marcher vers la cathédrale. (aveuglément)

   _____

4. Nous avons chanté dans le métro. (hier)

   _____

5. Vous allez acheter quelque chose à cette librairie. (là)

   _____

6. Il a cent paires de chaussures. (presque)

   _____

7. Maman a été furieuse parce que j'ai bu hier soir. (trop)

_____

8. Nous avons étudié la chimie. (sérieusement)

_____

Le verbe *envoyer*

I. Une surprise. Use the cues to tell what people are doing or trying to do on your birthday.

1. Grand-maman / envoyer / un gâteau au chocolat

_____

2. Mes parents / envoyer / des vêtements

_____

3. Mon petit ami / envoyer / des fleurs

_____

4. Vous / envoyer / une carte

_____

5. Je / essayer de / vous remercier pour le petit mot

_____

6. Nous / essayer de / te répondre

_____

7. Tu / essayer de / m'acheter quelque chose de spécial

_____

APPLICATIONS

J. Un anniversaire. Describe your last birthday or that of a friend, including exactly what gifts were received, how well they were liked, and how the day was celebrated.

_____

_____

_____

_____

_____

K. Mots problématiques.

Rapide, rapidement, vite

Rapide is an adjective that means *fast*. Like other adjectives, it modifies nouns.

    Le TGV est un train **rapide**.   *The TGV is a **fast** train.*

Rapidement (*quickly, rapidly*) is an adverb. Like other adverbs, it modifies verbs.

    Le courier est arrivé **rapidement**.   *The mail arrived **quickly**.*

Vite (*quickly*) is also an adverb.

    Le garçon a couru **vite**.   *The boy ran **quickly**.*

Tôt, tard, bientôt

Both **tôt** (*early*) and **tard** (*late*) are adverbs.

    Je me lève **tôt** et je me couche **tard**.   *I get up **early** and go to bed **late**.*

Bientôt (*soon*) is also an adverb.

    Je reviendrai **bientôt** vous voir.   *I'll come back to see you **soon**.*
    A bientôt!   *See you **soon**!*

Vite! Write original sentences using the following words. Use your imagination and be creative!

1. rapide _____

    _____

2. vite _____

    _____

3. rapidement _____

    _____

4. bientôt _____

    _____

5. tard _____

    _____

6. tôt _____

    _____

Nom: _____ Classe: _____ Date: _____

L. Mots croisés.

HORIZONTALEMENT

1. Tu as reçu une caméra à Noël? Qui _____ l'a donnée?
4. Le contraire de « tard »
6. Selon Robert, le palais est _____ beau que la cathédrale.
7. C'est l'ensemble des émissions.
10. Le contraire de « hausser/élever la voix »: _____ la voix
13. Houdini était magicien. Il avait la main _____.
17. — Henri, veux-tu chercher ma vidéocassette dans la voiture? — Oui, _____.
18. C'est l'ancienne résidence de l'argentier de Charles VII: le Palais Jacques- _____.
19. Synonyme de « grandiose »
20. — Bonnes vacances, monsieur le professeur! — De _____, chers étudiants!
21. Synonyme de « téléviseur »
23. « _____ promise, _____ due! »
24. Je n'ai pas reçu de cadeau! Ça m'est _____ sous le nez!
25. Synonyme de « Walkman »
26. On call: « de _____ »

VERTICALEMENT

2. Version doublée de « Hawaii 5-0 »: « Hawaii Police d' _____ »
3. Dryly, curtly
5. Avoir du succès: « faire un _____ »
6. Robert a aidé Nicole avant le dîner: il a _____ la table.
7. Il faut dépenser de l'argent quand on prend une autoroute à _____ .
8. Synonyme de « VCR »
9. C'est ce que Robert dit pour reprendre son livre sur la cathédrale (trois mots).
11. Huit heures à la chaîne TF1, c'est l'heure des _____ .
12. Votre cours de français est toujours intéressant. On ne s'y _____ jamais.
14. Synonyme d'« amusant »
15. Robert ne roule pas trop rapidement en mobylette. Il conduit _____.
16. Le contraire de « réellement » ou de « véritablement »
17. Au début, Robert n'a pas dit « tu » à Mme Fourchet. Il l'a _____.

EE-113

18. Château remarquable du père de la Renaissance française: François Ier.

22. Celui qui lit, ou bien, un appareil pour faire jouer les disques compacts: « un _____ laser »

23. M. Smith ne dit pas grand-chose dans *La cantatrice chauve*. Il fait plutôt _____ sa langue.

CHAPITRE 13 *Une lettre: choses à écrire*

EXERCICES ECRITS

VOCABULAIRE

A. Synonymes et expressions approximatives. Study the following list of **Synonymes et expressions approximatives**. Then rewrite each sentence, substituting an appropriate new term for the term in italics.

> tu lui racontes de beau = tu lui dis de bien
> que j'ai rencontrées = dont j'ai fait la connaissance
> rasoir = ennuyeuse / ennuyeux
> tout le monde ici = tous ici, chacun ici
> te félicite = te fait des compliments
> ce qu'il faut dire = ce que je dois dire
> tu m'embêtes = tu m'ennuies, tu m'importunes vivement
> à la fin = finalement
> Ne monte pas sur tes grands chevaux! = Ne te mets pas en colère!
> tout de même = quand même
> à la boîte = à la boîte aux lettres

1. Dis donc, Robert, qu'est-ce que *tu lui racontes de beau?*

   _____

2. Tu étais la plus jolie de toutes les filles *que j'ai rencontrées* en France.

   _____

3. Ta lettre est vraiment *rasoir*.

   _____

4. Dis-lui que *tout le monde ici te félicite* parce que tu fais des progrès remarquables.

   _____

5. Tu sais mieux que moi tout *ce qu'il faut dire*.

   _____

6. *Tu m'embêtes à la fin!*

_____

7. *Ne monte pas sur tes grands chevaux!*

_____

8. *Tout de même,* dépêche-toi de la finir et de la mettre *à la boîte.*

_____

B. Mélange. Mme. Corrigeuse has just bought a new foreign car, but she can't read the owner's manual because many of the words were scrambled in translation. Help her by unscrambling some of the key terms.

1. vtoreérruis _____

2. yegabdréa _____

3. esedresriv _____

4. ibtoedsîsesetev _____

5. pnemreotbaenn _____

6. nltoav _____

7. uaevin _____

8. eosisrsa' _____

9. blecruo _____

GRAMMAIRE

L'imparfait

B. Mélange. Mme. Corrigeuse has just bought a new foreign car, but she can't read the owner's manual because many of the words were scrambled in translation. Help her by unscrambling some of the key terms.

Modèle: 7 h 30 / Jean-Luc / se doucher
A sept heures et demie, Jean-Luc se douchait.

1. 8 h / nous / prendre le petit déjeuner

_____

2. 9 h 30 / Nicole / étudier à la bibliothèque

_____

3. 11 h / tu / travailler

_____

4. midi / Elisabeth et Odile / dormir

_____

5. 1 h / je / aller au centre-ville

_____

6. 1 h 30 / mes camarades / faire le ménage

_____

7. 2 h / nous / ne pas être chez nous

_____

8. 2 h / Monique et Charlotte / boire du thé

_____

9. 3 h 30 / je / se coucher

_____

10. 4 h / mes parents / regarder la télé

_____

L'imparfait ou le passé composé?

D. Une fois ou d'habitude? Analyze each sentence to determine whether it expresses a one-time occurrence or a habitual action. Then complete the sentence by putting the verb in parentheses into the appropriate tense—**passé composé** or imperfect.

1. (prendre) Un jour, Blaise _____ le bus pour aller au bureau.

2. (aller) En général, il _____ au travail à pied.

3. (faire la cuisine) Habituellement, nous _____ chez nous.

4. (dîner) Le week-end passé, nous _____ dans un petit café.

5. (finir) Le 15 septembre, tu _____ tes exercices.

6. (commencer) Généralement, tu _____ plus tôt.

7. (écrire) Tous les jours, mon ami m'_____ des lettres.

8. (téléphoner) Hier, il m'_____.

9. (aller) Le dimanche, nous _____ ensemble à l'église.

10. (conduire) Nous _____ trois fois la Deux Chevaux à l'école.

E. Une histoire. Complete the story by putting each verb in parentheses into the appropriate tense—**passé composé** or imperfect.

Un jour, nous _____ d'aller au centre Pompidou. Comme toujours,
(décider)

nous _____ le métro. J' _____ un carnet.
(prendre)   (acheter)

Quand nous _____ du métro, nous _____
(sortir)   (voir)

un accident. Une auto et un taxi _____ parce que le conducteur de
(se tamponner)

l'auto _____ en se regardant dans le rétroviseur. Le taxi
(se peigner)

_____ jaune et noir et l'auto _____
(être)   (être)

grande et bleue. Les conducteurs _____ des voitures et ils
(sortir)

_____ quand l'agent de police _____.
(se parler)   (arriver)

Nous, nous _____ . Il _____ beau et un
(continuer)   (faire)

peu chaud quand nous _____ au musée. Nous
(arriver)

_____ . J'aime beaucoup l'art moderne et j'adore le centre
(y entrer)

Pompidou!

Le comparatif et le superlatif des adjectifs

F. Plus ou moins. Your new roommate is very competitive, so no matter what anyone says, she says her situation is better or more extreme. Use the cues and the comparative to create her comments.

1. Mon père / ton père / vieux

   _____

2. La maison de ma famille / ta maison / grand

   _____

3. Mon petit ami / ton petit ami / beau

   _____

4. Mes amis / tes amis / riche

   _____

5. Moi / toi / intelligent

   _____

6. Mon lycée / ton lycée / bon

   _____

7. Mes cours / tes cours / difficile

_____

8. Mes vêtements / tes vêtements / chic

_____

9. Mes notes / tes notes / bon

_____

G. A mon avis. You've just returned from Paris and are thus an expert on French culture. Each time one of your friends makes a statement, use the superlative to correct him or her. Be careful about the placement of adjectives.

Modèle: Paris est une jolie ville.
             C'est la plus jolie ville du monde.

1. Gérard Depardieu est un bon acteur.

_____

2. Le Louvre est un musée intéressant.

_____

3. Le T.G.V. est un train rapide.

_____

4. Notre-Dame est une belle église.

_____

5. St-Germain-des-Prés est une vieille église.

_____

6. La tour Eiffel est un grand monument.

_____

7. Le centre Pompidou est un musée moderne.

_____

8. Maxim's est un bon restaurant.

_____

9. Les Françaises sont des femmes chics.

_____

Le comparatif et le superlatif des adverbes et des quantités

H. Nous sommes les meilleurs! Naturally, your class is the best in the school. Use the cues and the superlative to tell why you think so.

1. Nous / étudier / beaucoup

   _____

2. Nous / faire la fête / souvent

   _____

3. Nous / parler français / bien

   _____

4. Nous / parler / vite

   _____

5. Nous / écrire / bien

   _____

6. Nous / chanter / mal

   _____

Le verbe *écrire*

I. Une longue lettre. What is everyone writing and to whom? Form complete sentences using the cues and the verb **écrire**.

1. Nous / une lettre / à Jacqueline

   _____

2. Pierre / un roman

   _____

3. Moi / une carte postale / à mon petit ami

   _____

4. Toi / une dissertation pour le cours d'histoire

   _____

5. Vous / un roman

   _____

6. Les étudiants / de longues lettres / à leurs parents

   _____

7. Irène / une lettre / au président

_____

8. Moi / de la poésie / pour la postérité

_____

APPLICATIONS

J. Ma ville. Describe the best and worst features of your hometown. For example, what is its best restaurant, prettiest park, ugliest building, etc.?

_____

_____

_____

_____

_____

K. Mon ami(e) et moi. Write at least six sentences comparing yourself and your best friend. For example, who's taller? Who's smarter? Who dances better? Who studies less?

_____

_____

_____

_____

_____

L. Quelle mémoire! What is your earliest memory? Write all you can remember—what you were doing, what the weather was like, what you were wearing, etc. (If you can't remember anything specific, make something up!) Use verbs such as *se souvenir de, se rappeler, etc.*

_____

_____

_____

_____

_____

M. Mots problématiques.

Heure, fois, temps; en, dans

Heure, temps, and **fois** can all mean *time,* but they are used in different ways.

Heure means *time* when asking what time it is and *o'clock* when telling the time. **Heure** also means *hour.*

Quelle heure est-il?	*What time is it?*
Il est **onze heures.**	*It is eleven o'clock.*
Il partira dans **une heure.**	*He will leave in an hour.*

Fois means *time* when referring to the number of times something occurs.

Il est allé au marché **deux fois** aujourd'hui.	*He went to the market two times today.*

Temps means *time* in a more general sense.

As-tu **le temps** de m'aider à faire la vaisselle?	*Do you have the time to help me do the dishes?*

De temps en temps means *from time to time.*

Elisabeth va à l'opéra **de temps en temps.**	*Elisabeth goes to the opera from time to time.*

A temps means *in time;* **à l'heure** means *on time.*

Nous sommes arrivés **à temps** pour attraper l'avion.	*We arrived in time to catch the plane.*
L'avion n'est pas parti **à l'heure.**	*The plane didn't leave on time.*

Dans and **en** both mean *in* when referring to time. **En** refers to the length of time necessary to complete something.

J'ai fait mes devoirs **en trois heures.**	*I did my homework in three hours.*

Dans tells how long it will be until something happens.

Je sortirai **dans deux heures.**	*I'll leave in two hours.*

Complétez. Complete each sentence with the appropriate word or phrase.

le temps	heure	fois
à temps	à l'heure	dans
de temps en temps		en

1. — Quand est-ce que tu vas partir? — Je vais partir _____ une demi-heure.

2. — Vous avez manqué le train? — Oui, malheureusement, nous ne sommes pas arrivés

   _____ à la gare. Nous étions en retard, et le train est parti _____.

3. Est-ce que Joseph a _____ d'aller au supermarché ce matin?

4. Elle a fait les courses _____ une heure et demie.

5. Combien de _____ est-ce que tu es allé chez Richard cette semaine?

6. Je ne vais pas souvent au théâtre. J'y vais _____.

N. Mots croisés.

HORIZONTALEMENT

2. Pour commencer une lettre à votre tante, vous écrivez « Ma _____ tante ».

5. Le contraire de « tant mieux »: tant _____

7. C'est le plus mauvais, le _____ garagiste que je connaisse!

8. Une lettre personnelle sans nouvelles est normalement _____ ou rasoir.

11. Elle chante comme un ange! Elle chante _____ que toutes les autres cantatrices.

12. Pour envoyer des lettres, on les met souvent dans une _____ aux lettres.

14. *Family assets:* les _____ familiaux

16. « Au _____, l'alcool tue (*kills*) »: publicité française contre les accidents mortels de la route

17. *Rate of unemployment:* le _____ de chômage

18. Synonyme de « tout le monde »

19. « Plus on est de fous, plus on _____ .»

23. C'est lui qui a écrit *Madame Bovary*, roman publié en 1856.

24. Pas dans la ville: à la _____

25. Président de la France pendant les années 80 et 90

VERTICALEMENT

1. Expression typique pour terminer une lettre à un copain ou à une copine: _____

2. La table du roi Arthur n'était pas _____! Elle était ronde!

3. « Ecrire » à la 1ère personne du pluriel à l'imparfait

4. Symptôme d'un rhume: on _____

5. Annette n'est pas encore arrivée. J'espère que sa voiture n'est pas tombée en _____ .

6. La parution de ce livre de Simone de Beauvoir a scandalisé beaucoup de gens: *Le _____ sexe.*

7. Hier, comme il _____, j'ai ouvert mon parapluie.

9. Première femme élue à l'Académie française (en 1980)

10. Nicole taquine Robert. Ceci l' _____ ou l'ennuie.

12. L'équivalent de l'anglais *hugs and kisses*: Bons _____

13. C'est un ours qui n'est jamais dangereux: un ours en _____

15. Clutch

16. Pour terminer une lettre, les expressions typiques commencent par: « _____ agréer... ».

20. Ce que l'on met sur une lettre avant de la poster

21. Nom de plume d'Aurore Dupin, amante de Chopin et de Musset, entre autres: _____ Sand

22. Comme le lièvre, ou bien, poser un _____ à quelqu'un (*stand someone up for a date*)

23. — Combien de _____ as-tu écrit à ta mère, Robert? — Au moins trois _____, Nicole.

CHAPITRE 14 *A l'hôtel*

EXERCICES ECRITS

VOCABULAIRE

A. Synonymes et expressions approximatives. Study the following list of **Synonymes et expressions approximatives**. Then rewrite each sentence, substituting an appropriate new term for the term in italics.

avoir de la chance = avoir de la veine
un passage = un morceau, un fragment, un épisode
le manque = l'insuffisance *(f.)*, l'absence *(f.)*, le défaut
mener = conduire
la folie = l'aliénation mentale, la démence, la perte de raison, la déraison
le registre = le livre sur lequel sont inscrites les réservations
sur le palier = au même étage
compris = inclus
brancher = rattacher à un circuit électrique
Il nous manque une serviette. = Nous avons besoin d'une serviette. Une serviette de plus
nous est nécessaire.
faire le numéro = composer le numéro sur un cadran, sur un clavier

1. Nous *avons de la chance* d'avoir lu *un passage* de cette pièce.

   _____

2. Ionesco critique *le manque* de communication.

   _____

3. Les paroles peuvent nous *mener* loin.

   _____

4. Elle regarde dans son *registre*.

   _____

5. Les toilettes sont *sur le palier*.

   _____

6. Le petit déjeuner est *compris*.

   _____

7. Les garçons cherchent où *brancher* leur rasoir.

_____

8. *Il nous manque une serviette.*

_____

9. Elle *fait le numéro.*

_____

GRAMMAIRE
Les pronoms relatifs *qui, que* et *où*

B. Le guide. Christophe and Suzanne are giving a tour of their town to some French visitors. Circle the grammatically correct completion for each comment.

1. Voici notre lycée qui...

    a. est le meilleur.

    b. nous allons.

2. Voilà le parc où...

    a. est très joli.

    b. nous nous sommes rencontrés.

3. Nous allons à l'hôtel où...

    a. on cherche.

    b. vous allez descendre.

4. Vous allez aimer l'hôtel que...

    a. nous avons choisi.

    b. est charmant.

5. C'est à ce supermarché que...

    a. nous faisons les provisions.

    b. est bon marché.

6. Parlons à cette fille qui...

    a. nous connaissons.

    b. est l'amie de Suzanne.

7. Nous avons deux cinémas qui...

    a. passent de bons films étrangers.

    b. nous allons souvent.

8. Voici la statue que...

    a. nous détestons.

    b. est assez laide.

Les pronoms relatifs *dont, à qui,* etc.

C. Nouvel(le) élève. As a new student at a welcome-to-campus party, you want to find out as much information as possible about the other guests. Use a relative pronoun to combine each question and comment into a single question.

Modèle: Qui est la fille? Tu as parlé de cette fille.
   Qui est la fille dont tu as parlé?

1. Qui est ce garçon-là? Je viens de faire la connaissance de ce garçon.

   _____

2. Comment s'appelle la dame blonde? Le mari de cette dame est là-bas.

   _____

3. Qui est l'homme? Tu as dansé avec lui.

   _____

4. Où se trouvent les toilettes? Tu viens de sortir des toilettes.

   _____

5. Qui sont les étudiants? Nous avons parlé à ces étudiants.

   _____

6. Où est le garçon? Je connais ses parents.

   _____

7. Quel est le nom de ce garçon? J'ai rencontré des amis de ce garçon.

   _____

8. Comment s'appelle la fille? Julien est amoureux de cette fille.

   _____

Le pronom relatif *lequel*

D. Le cercle français. Brigitte is running a business meeting for the French club and giving the status of various projects. Complete her report by using a preposition and a form of **lequel** to expand on each of her statements.

Modèle: Nous allons donner un bal avec ces musiciens.
   Voilà les musiciens avec lesquels nous allons donner un bal.

1. Nous allons répondre pour cet élève français.

   Voilà l'élève français _____.

2. Nous allons avoir une boum dans cette salle.

   Voilà la salle _____.

3. Nous allons travailler avec cette compagnie.

   Voilà la compagnie _____.

4. Nous allons travailler avec ces autres organisations.

   Voilà les organisations _____.

5. Nous allons voyager en France avec ces professeurs.

   Voilà les professeurs _____.

6. Nous allons aller dans ces pays.

   Voilà les pays _____.

7. Nous allons descendre à cet hôtel.

   Voilà l'hôtel _____.

8. Nous allons gagner de l'argent avec ces méthodes.

   Voilà les méthodes _____.

Tout et d'autres expressions indéfinies de quantité

E. En attendant les vacances. Emilie is trying to tie up some loose ends before spring break. Describe her activities by writing the correct form of the adjective **tout** in each sentence.

1. Emilie fait _____ les devoirs.

2. Elle essuie _____ la vaisselle.

3. Elle écrit _____ ses lettres.

4. Elle rend visite à _____ ses amies.

5. Elle téléphone à _____ la famille.

6. Elle finit _____ le travail.

7. Elle dit au revoir à _____ ses profs.

8. Elle envoie _____ ses paquets.

F. Traductions. Translate each English sentence into French by writing the correct form of **tout** or the appropriate expression that contains **tout**.

1. Everyone is in the living room already.

   _____ est déjà dans le salon.

2. I don't like horror movies at all.

   Je n'aime _____ les films d'horreur.

3. When I was young, I used to visit my cousins all the time.

   Quand j'étais jeune, je rendais _____ visite à mes cousins.

4. Get over here right now!

   Viens ici _____!

5. We were completely soaked.

   Nous avons été _____ trempés.

G. Chacun à son goût. Not all students are alike. Some do one thing, some do another. Describe the following students' activities by rewriting each sentence to include the expression of quantity in parentheses.

1. Les étudiants réussissent à l'examen. (plusieurs)

   _____

2. Les garçons sont partis à 10 h. (quelques)

   _____

3. Les filles sont restées à la résidence universitaire. (certaines)

   _____

4. Je vais faire du shopping. (acheter quelque chose)

   _____

5. Nous avons vu des films. (de nombreux)

   _____

6. L'étudiante a préparé son cours de français. (chaque)

   _____

Les verbes *vivre* et *suivre*

H. Résidences. Complete each sentence with the correct form of the verb **vivre.**

1. Mes cousins _____ en Belgique.

2. Maintenant, je _____ à Paris, mais quand j'étais jeune, je

_____ à Avignon. J'_____ aussi

_____ deux ans à Bourges.

3. Ma famille _____ en France.

4. Nous _____ dans un grand château.

5. Qui _____ dans cet immeuble?

6. Avec qui est-ce que vous _____?

7. Henri et Eric _____ en Allemagne.

8. _____-tu aussi au Japon?

APPLICATIONS

I. **Publicité.** Write ads for one of your favorite hotels and one of your favorite restaurants.

_____

_____

_____

_____

_____

_____

_____

_____

_____

_____

_____

_____

J. Composition. Using the reading on pages 370–372 of your text as a guide, write a paragraph describing the American educational system.

_____

_____

_____

_____

_____

_____

_____

_____

_____

_____

_____

_____

_____

_____

_____

_____

_____

_____

_____

_____

_____

K. Mots problématiques.

Jour/journée; soir/soirée; an/année

Each pair of words above have the same English equivalents, but they are not interchangeable. The shorter word forms **jour, soir,** and **an** are used to indicate a unit of time; they are also used when counting days, evenings, or years. The longer forms **journée, soirée,** and **année** are used to indicate duration or length of time. They are frequently preceded by **toute:**

Dans **huit jours,** j'irai à Rome.	*In **a week,** I'll go to Rome.*
J'ai passé **toute la journée** chez Michèle.	*I spent **the whole day** at Michèle's.*
Chaque soir, Anne fait ses devoirs.	***Every night** Anne does her homework.*
Hier soir, elle a passé **toute la soirée** à écrire des lettres.	***Last night** she spent **the entire evening** writing letters.*
L'année dernière, Paul a étudié à l'université de Californie.	***Last year,** Paul studied at the University of California.*
En tout, il a passé **trois ans** aux Etats-Unis.	*In all, he spent **three years** in the United States.*

Vacances/congé/férié

Les vacances (*vacation*) applies to the vacation period established by law for workers and the vacation period for schools and universities:

Les grandes vacances sont les **vacances** d'été.	**Les grandes vacances** *is summer* ***vacation.***

Congé is a short break for students and workers:

A Pâques on a **congé** pendant trois jours.	*At Easter, we have a three-day **break.***
Le patron lui a donné un **congé de maladie** quand il s'est cassé la jambe.	*The boss gave him **sick leave** when he broke his leg.*

Un jour férié is a day off established by religion or by law. There are eleven such days in France:

Les lundis de Pâques et de Pentecôte sont **des jours fériés.**	*The Mondays of Easter and Pentecost are **days off.***

Complete the paragraph using the appropriate words and expressions from the following list.

congé	férié	an(s)	année(s)	jour(s)	journée(s)
soir(s)	soirée(s)	les grandes vacances			

Je suis étudiant ici à l'université depuis trois _____. Cette _____ je

suis six cours très difficiles. Hier _____ j'ai passé toute la _____ à

lire un roman anglais. Heureusement, la semaine prochaine nous aurons un _____

_____ et je pourrai me reposer un peu. J'attends avec impatience

_____!

L. Mots croisés.

HORIZONTALEMENT

1. Pour pouvoir allumer la lampe, Nicole doit _____ la prise.

5. La poubelle dans _____ tu as laissé tomber ton mégot est pleine.

11. Le contraire de la soustraction (pour le client). Il faut la payer dans un restaurant.

15. Equivalent to the second floor of an American house: *le _____ étage*

16. Au lycée Henri IV, les profs étaient _____ de porter un costume et une cravate.

17. Ce mot, l'ancien nom de Paris, signifie « marécage ».

18. Si on a treize ans en France, on est là: en _____.

20. Dis-moi qui tu _____, je te dirai qui est devant toi.

21. Le lundi de Pâques est un jour _____. C'est donc un jour de congé pour les étudiants.

22. Selon Ionesco, ceci est « le symptôme de la non-communication ».

24. Les Celtes Parisii ont construit la future île de la Cité sur un _____.

26. C'est la norme, en principe. Indice: 10/20.

27. Beaucoup de téléphones publics n'ont pas de cadran. Ils ont un _____ à touches plutôt.

29. La personne à laquelle on envoie une lettre en est la _____.

VERTICALEMENT

2. Où la patronne d'hôtel se trouve souvent: à la _____

3. On frappe les trois _____ avant le début d'une pièce de théâtre en France.

4. Il faut réussir aux _____ écrites et orales pour avoir son bac.

6. Pour _____ faites-vous ces recherches sur l'agrément des hôtels?

7. Cette personne enseigne à l'école maternelle.

8. On les chante ou on les récite.

9. Dis-moi qui tu _____, je te dirai qui tu es.

10. Ce n'est pas votre travail, c'est votre _____.

12. Geste qui indique que l'on vous ennuie: les doigts me _____

13. Le restaurant Georges Blanc est formidable. C'est l'une des meilleures _____ de Lyon.

VERTICALEMENT

14. Vous êtes deux dans la chambre, mais vous n'avez qu'une clé. Il vous en _____ donc une.

19. La craie _____ le prof a utilisée est orange.

21. C'est l'homme qui distribue les lettres.

22. Tout ce qui _____ n'est pas or.

23. Ne bâillez pas si vous ne voulez pas attirer _____ les badauds!

25. Marguerite n'a pas gagné à la loterie. Elle n'a pas de _____ .

28. La classe de terminale _____ tu parles est super!

CHAPITRE 15 *Une coïncidence*

EXERCICES ECRITS

VOCABULAIRE

A. Synonymes et expressions approximatives. Study the following list of **Synonymes et expressions approximatives**. Then rewrite each sentence, substituting an appropriate new term for the term in italics.

le lendemain = le jour après
tout d'un coup = soudain, soudainement
attaquer = agresser, sauter dessus
se précipitent = se lancent vivement, agissent avec hâte
s'enfuit = fuit, s'en va avec hâte, se sauve
par terre = à terre, au sol
le portefeuille = l'objet où l'on place ses billets de banque (carte d'identité, etc.) et que l'on porte sur soi
un coup = un choc
hoche = secoue la tête de gauche à droite

1. *Le lendemain*, les quatre amis décident d'aller voir quelques monuments à Paris.

   _____

2. *Tout d'un coup*, ils voient un jeune homme *attaquer* un monsieur.

   _____

3. Ils *se précipitent* vers le pauvre homme.

   _____

4. Le jeune pickpocket *s'enfuit* en emportant le portefeuille.

   _____

5. Vous avez reçu *un coup*.

   _____

6. Le vieux monsieur *hoche* la tête pour dire non.

   _____

7. Henry reconnaît le ticket de train qui est tombé *par terre*.

   _____

GRAMMAIRE

Les pronoms interrogatifs *qui* et *que*

B. Une interview. You are an international journalist who has just interviewed a famous Frenchman. Unfortunately, you wrote down only his answers and have forgotten what your questions were. Based on the answers, and especially the words in italics, figure out what you asked.

1. _____
   Cette femme à côté de moi? C'est *ma patronne*.

2. _____
   C'était *ma femme* au téléphone.

3. _____
   J'ai acheté *des disques*.

4. _____
   Je préfère *les fraises*.

5. _____
   Je veux *la paix et la justice pour tout le monde*.

6. _____
   J'admire *François Mitterrand*.

7. _____
   Je lis *des livres et le journal*.

8. _____
   C'est *moi* qui ai dit ça.

Les prépositions avec les pronoms interrogatifs

C. Un compagnon idéal / Une compagne idéale. The following questions will help a local dating service find you the perfect companion. Complete each one by writing the appropriate preposition + interrogative pronoun.

1. _____ ressemblez-vous? A votre mère ou à votre père?

2. _____ pensez-vous souvent? A la politique? aux problèmes de notre société? à la philosophie?

3. _____ avez-vous peur?

4. _____ avez-vous besoin?

5. _____ préférez-vous sortir? Avec un ami ou avec plusieurs?

6. _____ vous intéressez-vous?

7. _____ parlez-vous le plus? De vous-même ou de votre travail?

8. _____ rêvez-vous? D'une vie de luxe ou d'une vie de service aux autres?

9. _____ préférez-vous habiter? Près des bois ou près d'un lac?

Le pronom interrogatif *lequel*

D. Une coïncidence. Alain et Adrienne both visited Montreal at the same time but did not do the same things. Use a form of **lequel** to create the questions they use to compare notes.

Modèle: Nous avons dîné dans un restaurant français.
        Ah oui? Dans lequel?

1. Nous sommes descendus dans un hôtel cher. _____

2. Nous sommes allés au musée. _____

3. Nous avons assisté à un concert. _____

4. Nous avons visité un parc. _____

5. Nous nous souvenons de grands bâtiments. _____

6. Nous avons vu une exposition. _____

7. Nous avons exploré des monuments. _____

8. Nous avons parlé au guide. _____

Quantités approximatives

E. Une certaine quantité. Round each precise quantity in the direction of the number in parentheses.

Modèle: 26 (30) **une trentaine**

1. 9 (10) _____

2. 19 (20) _____

3. 98 (100) _____

4. 37 (40) _____

5. 998 (1000) _____

6. 56 (60) _____

7. 11 (12) _____

8. 13 (15) _____

9. 45 (50) _____

Négations: type *ne... que*

F. Une famille conservatrice. Louis-Philippe belongs to a very inflexible, conservative family. Rewrite each of his comments, replacing the adverb **seulement** with a **ne... que** construction.

1. Nous regardons la télé seulement le dimanche.

   _____

2. Nous avons passé seulement un week-end ensemble.

   _____

3. Nous voyageons seulement en avion.

   _____

4. Nous buvons seulement de l'eau minérale.

   _____

5. Nous sortons ensemble seulement une fois par an.

   _____

6. Nous dînons seulement à Lasserre.

   _____

7. Ma mère porte seulement des couleurs sombres.

   _____

8. Nous nous amusons seulement pendant les vacances.

   _____

9. Nous écoutons seulement de la musique classique.

   _____

G. Qui est là? Josephine and her sister Alice are home alone watching horror movies on a dark and stormy night. Josephine is getting pretty paranoid, so Alice tries to reassure her that they are indeed alone. Write Alice's answer to each of Josephine's questions and comments.

Modèle: JOSEPHINE: Qui est à la porte?
  ALICE: **Personne n'est à la porte!**

1. Qui entre dans la maison? _____

2. Qui est dans le garage? _____

3. Qui est sous le lit? _____

4. Qui frappe à la fenêtre? _____

5. Qui chante dans le grenier? _____

6. Quelqu'un est au sous-sol! _____

APPLICATIONS

H. Interrogation. Write at least eight questions you would ask in one of the following situations.

1. As the political reporter for a national TV network, you are about to interview the president of the United States or a presidential candidate.

2. You are hiring a nanny for your first-born child.

3. Your son has just brought home his first serious girlfriend (or your daughter has just brought home her first serious boyfriend) and you are left alone with the friend for the first time.

4. Something valuable is missing from your room and you suspect your roommate may have borrowed it. You decide to ask your neighbors about your roommate's activities at the time of the object's disappearance. Be careful: you don't want to falsely accuse your roommate!

_____

_____

_____

_____

_____

_____

_____

_____

_____

_____

_____

_____

_____

_____

_____

_____

I. Mots problématiques.

Personne/gens/peuple/on/quelqu'un

Personne, gens, peuple, on, and **quelqu'un** all refer to people.

Personne, when used as a noun, means *person* and is always feminine. **Personne** may be either singular or plural:

Chaque personne a montré son passeport.	*Everyone showed his or her passport.*
Toutes les personnes que j'ai vues aujourd'hui étaient pressées.	*Everyone I saw today was in a hurry.*

Gens is a masculine noun that is always used in the plural:

Il y avait beaucoup de **gens** dans le magasin.	*There were a lot of **people** in the store.*

Peuple is a masculine noun that is used to refer to a group of people, such as those in a nation:

Charles de Gaulle était chef du **peuple** français.	*Charles de Gaulle was leader of the French **people (nation).***

On is an indefinite pronoun that may have different English equivalents such as *people, they, one,* or *we.* The verb is always in the third person singular:

On ne fume pas ici.	*People don't smoke here.*
Au Canada, **on** parle anglais et français.	*In Canada, **they** speak French and English.*

Quelqu'un is an indefinite pronoun meaning *someone:*

Quelqu'un m'a dit de venir ici à six heures.	*Someone told me to come here at six o'clock.*
Quelques-uns vont partir en vacances demain.	*Some (a few) are going to leave on vacation tomorrow.*

Ecrivez! Write original sentences using the following words. Be creative!

1. on _____

2. quelqu'un _____

3. peuple _____

4. gens _____

5. personne _____

J. Mots croisés.

HORIZONTALEMENT

2. Ce n'est pas possible! Le cambrioleur a _____ la pauvre vieille dame? Quelle violence!

4. C'est un philosophe et mathématicien célèbre (1623–1662): Blaise _____.

8. Ce quotidien se spécialise en sports: L' _____ .

10. Ce journal quotidien est très populaire à Lille: La _____ du Nord.

13. Synonyme de « bénéficier »

14. « Il n'y a que le premier pas qui _____. »

16. Désolé, mademoiselle. Nous n'avons _____ de soupe, ce soir.

17. Qui est-ce qui frappe à la porte? Bizarre... _____ n'est là.

20. Trois sur neuf chevaux n'ont pas couru au tiercé. C'est-à-dire que le _____ n'y a pas participé.

23. On y danse à partir de 22 h généralement: la _____ .

24. Nicole taquinait Robert tout le temps. Enfin il lui a dit: « Petite _____! Ne m'embête plus! »

25. Synonyme de « deux semaines »

26. Synonyme de « jour suivant »

VERTICALEMENT

1. Les citadins habitent une _____ normalement.

3. Ancien président de la France, héros militaire et homme de lettres: Charles de _____

4. Soudain, la jeune femme lisant La Croix s'est _____ vers la cathédrale.

5. Le seul animal hebdomadaire de gauche emprisonné à Paris: Le _____ enchaîné

6. — Nicole, voici une huitaine de magnétoscopes formidables. — _____ ? Il y en a beaucoup.

7. Quand j'ai demandé à Henri si c'est le Louvre sur le billet de cinquante euros, il a _____ la tête négativement.

9. Vous voulez deux euros? Voici une _____. Il n'y a pas de billet de deux euros.

11. Œuvre remarquable de Montesquieu à la base de la constitution américaine: L'esprit des _____ .

12. Plusieurs témoins ont vu l'agression sur le vieux monsieur. _____ d'eux n'est parti.

13. Le pickpocket a volé le _____ dont le vieux monsieur t'a parlé.

15. Tu veux acheter une machine à laver? Tu n'as qu'à regarder les petites _____ .

18. C'est une personne sédentaire. Elle ne fait _____ aérobique _____ stretching.

19. Marguerite n'a même pas un billet de vingt euros. Elle a du mal à _____ les deux bouts.

21. Quel dommage! Le vieux monsieur s'est blessé. Allons appeler le _____ pour l'amener à l'hôpital.

22. La devise (*motto*) de ce journal de la droite libérale vient d'une pièce de Beaumarchais.

23. Musicien français célèbre, il a renouvelé le langage musical de son pays.

CHAPITRE 16 *Métiers*

EXERCICES ECRITS

VOCABULAIRE

A. Synonymes et expressions approximatives. Study the following list of **Synonymes et expressions approximatives.** Then rewrite each sentence, substituting an appropriate new term for the term in italics.

> le métier = la profession, le travail, le boulot°
> tu te trompes = tu fais erreur
> juste = seulement
> Ne te fâche pas! = Ne te mets pas en colère! Ne te fais pas de mauvais sang!
> plaisanter = s'amuser
> construire = bâtir

1. Quel est *le métier* de ton père, Robert?

   _____

2. Jamais de la vie! *Tu te trompes.*

   _____

3. *Ne te fâche pas!* C'était *juste* pour *plaisanter.*

   _____

4. Je te demanderai de *construire* ma future maison.

   _____

B. Métiers. It's career night and you've been appointed to introduce the speakers. Complete each introduction by identifying the speaker's occupation.

1. Béatrice travaille dans un bureau. Elle emploie un ordinateur et elle répond au téléphone.

   Elle est _____.

2. Christine travaille dans un hôpital et soigne les malades. Elle est

   _____.

3. Roland travaille dans un grand magasin. Il vend des vêtements et des chaussures. Il est

   _____.

4. Martin écrit des romans et des articles pour quelques magazines. Il est

_____.

5. Janine travaille dans une usine. Elle fabrique des moteurs pour les autos. Elle est

_____.

6. Raymond travaille à la poste. Il apporte les lettres et les cartes postales aux habitants du

village. Il est _____.

7. Céline travaille au tribunal, devant un juge. Elle protège les droits de ses clients. Elle est

_____.

8. Lucien est chef. Il prépare des petits plats au café du Parc. Il est

_____.

9. Si on veut voyager, on va chez Simone. Elle organise le voyage et les billets. Elle est

_____.

10. Jean-Jacques parle plusieurs langues. Il travaille à l'Organisation des Nations Unies à New

York. Il est _____.

11. Colette travaille à l'université. Elle enseigne la littérature à ses étudiants. Elle est

_____.

GRAMMAIRE
Le conditionnel

C. Rêver des vacances. Spring break is a long time away, but that doesn't stop students from dreaming about it. Use the cues and the conditional to tell what everyone would do.

Si c'était les vacances...

1. Annette / aller à Tahiti _____.

2. Léon / voyager _____.

3. Lucien et Denis / travailler _____.

4. Marthe et Yves / suivre un cours _____.

5. nous / dormir tard _____.

6. tu / étudier plus _____.

7. Noëlle / se bronzer _____.

8. je / sortir chaque soir _____.

9. vous / faire des achats _____.

10. tu / acheter un deux-pièces _____.

Si (hypothèse + condition)

D. La célébrité. Barbara Walters is planning to interview you for her next celebrity special. To prepare, your friends are helping you think of questions she might ask. Use the cues and the conditional to form some possible questions. Then answer the questions in any way you like.

1. Si vous étiez un arbre,... / être un chêne (*oak*) ou un saule (*willow*)?

   _____

   _____

2. Si vous étiez riche,... / voyager ou donner plus aux œuvres charitables ou bien acheter une grande maison?

   _____

   _____

3. Si vous faisiez un voyage,... / aller en Europe ou en Asie? Pourquoi?

   _____

   _____

4. Si vous alliez à un concert,... / choisir un concert de jazz ou de rock?

   _____

   _____

5. Si vous étiez marié(e),... / avoir des enfants? Comment serait votre femme (mari)?

   _____

   _____

6. Si vous aviez le choix,... / être plus intelligent(e) ou plus riche?

_____

_____

7. Si vous aviez le choix,... / vivre où?

_____

_____

8. Si vous aviez le choix,... / écrire un grand roman ou composer une symphonie?

_____

_____

9. Si vous aviez le pouvoir,... / que changer?

_____

_____

Les pronoms démonstratifs

E. Comparaisons. Raphaël and Danièle are shopping for their new home. Use the correct form of the demonstrative pronoun to complete each product comparison.

Modèle: Ces serviettes sont moins chères.
            Mais <u>celles-ci</u> sont plus jolies.

1. Ce tableau est très beau. Mais _____ est plus intéressant.

2. Cette auto est économique. Mais _____ est plus rapide.

3. Ces fauteuils sont confortables. Mais _____ sont d'une plus jolie couleur.

4. Cet ordinateur est moderne. Mais _____ est plus pratique pour nous.

5. Ces couvertures sont jolies. Mais _____ sont plus épaisses.

6. Ce micro-ondes est bon marché. Mais _____ est encore moins cher.

7. Cette malle est légère. Mais je préfère _____.

8. Ces rideaux sont de bonne qualité. Mais, _____ sont vraiment de qualité supérieure.

EE-146

Pronoms sans antécédent défini

F. Un aperçu. Complete each observation with the correct relative pronoun: **ce qui,
ce que,** or **ce dont.**

1. Je n'aime pas _____ me fait peur.

2. Je veux goûter _____ sent bon dans la cuisine.

3. Je pense souvent à _____ tu as dit.

4. Je n'aime pas _____ je ne comprends pas.

5. Ma famille me raconte _____ je ne me souviens pas.

6. Je n'ai pas de patience pour _____ n'est pas important.

7. Je ne crois pas toujours _____ j'entends.

8. Je m'intéresse à _____ est intellectuel.

APPLICATIONS

G. Relations. Form seven grammatically correct sentences using one word from each
column. Follow the pattern A + B + **ce que** or **ce dont** + C + D.

Modèle: **Toi, tu comprends toujours ce que le professeur dit.**

A	B	C	D
moi	étudier	moi	devoir faire
toi	faire	toi	dire
nous	acheter	vous	avoir besoin
Gilbert	comprendre	le professeur	expliquer
les touristes	visiter	le guide	recommander
vous	adorer	le médecin	prescrire
le patient	prendre	Christian	vouloir
			se souvenir

1. _____

2. _____

3. _____

4. _____

5. _____

6. _____

7. _____

H. Si on n'était pas étudiant(e)... Tell what you would be or do if you weren't a student. Then identify five classmates and tell what they would be or do if they weren't students.

1. moi

    Si je n'étais pas étudiant(e), _____.

2. nom _____

    _____

3. nom _____

    _____

4. nom _____

    _____

5. nom _____

    _____

6. nom _____

    _____

I. Mots problématiques.

Porter/apporter/emporter

People sometimes confuse the verbs **porter**, **apporter**, and **emporter**; each verb, however, is used in a different way.

Porter usually means *to carry:*

Alain **porte** les provisions pour sa grand-mère.

*Alain **carries** the groceries for his grandmother.*

Porter also means *to wear:*

Qu'est-ce que tu vas **porter** à la partie?

*What are you going to **wear** to the party?*

Apporter means *to bring something along:*

J'apporterai mes disques compacts à la partie de Nicole.

*I'll **bring** my compact discs to Nicole's party.*

Emporter means *to take something away:*

Paul **a emporté** un hamburger et des frites de chez McDonald.

*Paul **took out** a hamburger and fries from McDonald's.*

Amener/emmener

Amener means *to take someone along:*

L'agent de police va **amener** les
chauffeurs au poste de police.

*The police officer is going **to take** the
drivers to the police station.*

Emmener means *to take someone from one place to another:*

M. Fourchet **a emmené** toute la
famille à Chambord.

*Mr. Fourchet **took** the entire family to
Chambord.*

La partie. You're going to a party this weekend at Jean-Marie's apartment. Answer the
questions about what you plan to do.

1. Qu'est-ce que tu vas porter à la partie?

_____

_____

_____

2. Qu'est-ce que tu vas y apporter?

_____

_____

_____

3. Est-ce que tu vas amener quelqu'un à la partie? Qui?

_____

_____

_____

4. Après la partie, est-ce que tu vas emporter quelque chose?

_____

_____

_____

J. Mots croisés.

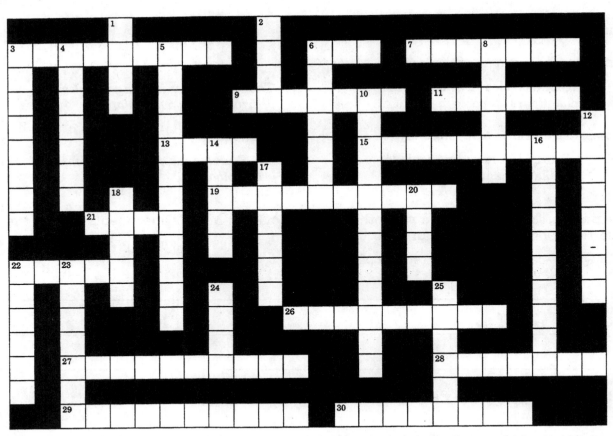

HORIZONTALEMENT

3. Montmireil, le _____ du diplomate-écrivain Chateaubriand, a inventé le bifteck célèbre du même nom.

6. M. Watson était chef de la société IBM. C'était donc le _____.

7. Synonyme de « vous faites erreur »: vous vous _____

9. Ce que Nicole ne veut pas devenir

11. La grosse légume d'un magasin, c'est le _____ ou la _____ne.

13. Synonyme de « réussir à un examen »: être _____ à un examen

15. « Je reconnais cette femme-là, dit M. Fourchet. Elle est _____ à TF1. »

19. Si notre prof plaisantait parfois en classe, nous nous _____ beaucoup.

21. Le « mystère » _____ parle Guy Tirolien est celui des bois où glissent les esprits.

22. Morceau de musique célèbre de Claude Debussy: « _____ de lune ».

26. Claude Bolling est l'un des plus grands _____ de France.

27. Jean-Claude! Le tapis est trop sale. Il faut y passer l' _____ .

28. Contraire de « répugner »

29. S'il y avait une manif à l'université, la police _____ les responsables de tout acte de violence.

30. Normalement on jette les ordures dans la _____.

VERTICALEMENT

1. _____ bien qui _____ le dernier.

2. Ce n'est pas de ma faute, ça. Je m'en _____ les mains!

3. Les gens qui n'ont pas d'emploi, mais qui pourraient travailler

4. Contraire de « indigène » ou « natif »

5. Jean-Paul aime travailler avec des ordinateurs. Il se spécialise en _____.

6. Marguerite ne veut pas sortir ce soir. Elle _____ un examen.

8. Synonyme, généralement, de « profession »

10. Ton fils Julien n'a que sept ans? Qui est son _____ à l'école?

12. Voilà les deux robes que vous préférez, madame. Prenez-vous cette robe-ci ou _____?

EE-150

14. Robert roulait trop vite en mobylette, mais le flic l'a vu ralentir. On a eu _____!

16. Madeleine a touché 10% de commission sur la vente d'une maison. C'est un bon agent _____.

17. Contraire de « la paix »

18. Henri est en retard pour son cours de maths. Il ne marche pas, il _____!

20. Marie est très contente de ses progrès en histoire. Elle a obtenu une bonne _____ à l'examen.

22. Ne te fâche pas, Nicole. Ne te mets pas en _____ .

23. Agathe étudie le droit parce qu'elle veut devenir _____.

24. —Monsieur, je voudrais commander maintenant. —Bien sûr, madame. Quel _____ désirez-vous?

25. Balayer, cirer, épousseter sont des activités nécessaires pour celui qui fait le _____.

CHAPITRE 17 *Devant le gymnase*

EXERCICES ECRITS

VOCABULAIRE

A. Synonymes et expressions approximatives. Study the following list of **Synonymes et expressions approximatives.** Then rewrite each sentence, substituting an appropriate new term for the term in italics.

il faut que = il est nécessaire que
passer un coup de fil à quelqu'un = téléphoner à quelqu'un
part-il comme une flèche = se précipite-t-il, fonce-t-il, s'élance-t-il
un pansement = une bande adhésive que l'on met sur une blessure ou une coupure
un violon d'Ingres = une activité artistique pratiquée en dehors d'une profession
Tu tombes bien! = Tu tombes à pic! Tu arrives fort à propos! Tu tombes à propos! Tu tombes pile!
ça vaudrait mieux = ce serait une meilleure idée
ça casserait moins les oreilles = ça ferait moins de bruit

1. *Il faut que* je rentre chez moi.

   _____

2. D'accord! *Passe-moi un coup de fil!*

   _____

3. Pourquoi Robert *part-il comme une flèche?*

   _____

4. Il retourne chez lui pour se mettre *un pansement.*

   _____

5. Oh si! *Tu tombes bien!*

   _____

6. *Ça vaudrait mieux* et ça nous *casserait moins les oreilles.*

   _____

B. Une conversation au téléphone. Annette is listening on the extension as her brother phones a friend. Unfortunately, the connection is very bad, so Annette can hear only a few words here and there. Supply the missing words for her.

_____. Le téléphone sonne.

SEBASTIEN: _____.

VINCENT: Allo. Bonsoir, _____ parler à Rachel?

SEBASTIEN: _____?

VINCENT: De la part de Vincent de la Croix.

SEBASTIEN: _____, s'il vous plaît. _____.

Non, elle n'est pas ici. Voulez-vous _____?

VINCENT: Non, je vais _____ plus tard. Merci.

SEBASTIEN: _____.

C. Chacun à son goût. Grégoire and his friends have many different interests. To identify each person's favorite pastime, write a complete sentence using the specified subject, the picture, and the correct form of **jouer à** or **jouer de.**

1. Guy

_____

2. Rose

_____

3. je

_____

4. mes cousins

_____

5. nous

_____

6. tu

_____

7. Lise et toi

_____

8. Yvette et Roger

_____

Le verbe *falloir*

D. Qualités requises. What makes a person good at his or her occupation? Complete each sentence with **il faut** and at least two appropriate requirements from the list.

aller à l'université	étudier	travailler bien avec toutes sortes de gens
être fort en maths	aimer les jeunes	aimer faire la cuisine
parler plusieurs langues	marcher	être courageux
être beau	chanter bien	savoir programmer un ordinateur
connaître la ville	écrire bien	aimer les chiffres

1. Pour être agent de police, _____

_____.

2. Pour être professeur, _____

_____.

3. Pour être facteur, _____

_____.

4. Pour être informaticien(ne), _____

_____.

5. Pour être médecin, _____

_____.

6. Pour être écrivain ou auteur, _____

_____.

7. Pour être pompier, _____

_____.

8. Pour être ingénieur, _____

_____.

9. Pour être interprète, _____

_____.

Le subjonctif et son emploi

Les subjonctifs irréguliers

E. Notes. Grades have just come out. Use the correct subjunctive form of the verb in parentheses to describe each parent's reaction.

1. (se tromper) Je regrette que le prof _____ comme ça.

2. (parler) Il faut que nous _____, chéri.

3. (recevoir) Nous sommes étonnés que tu _____ ces notes!

4. (continuer) Nous sommes furieux que tu _____ à perdre ton temps.

5. (aider) Je ne crois pas que tes amis t'_____.

6. (aller) Il est impossible que vous _____ en vacances — il faut étudier!

7. (être) Nous sommes tristes que tu _____ si ignorant.

8. (faire) Moi, je suis content que tu _____ tes devoirs de temps en temps.

Indicatif ou subjonctif?

F. Le nouveau président. People are all reacting differently to the recent election. First, decide whether each person's comment requires the indicative or the subjunctive and circle **I** or **S**. Then complete the sentence with the correct form of the verb in parentheses.

I   **S**   1. (réussir) J'espère qu'il _____.

I   **S**   2. (devenir) Espère-t-il que sa famille _____ célèbre?

I   **S**   3. (avoir) Il est naturel qu'il _____ des critiques.

I   S   4. (prendre) Il paraît que nous _____ une bonne décision.

I   S   5. (voter) Il est évident que je ne _____ pas.

I   S   6. (vouloir) Il semble que nous _____ commencer une guerre.

I   S   7. (gagner) Je suis surprise qu'il _____ .

I   S   8. (respecter) Nous voulons qu'il _____ l'environnement plus que les autres présidents.

I   S   9. (faire) Il est probable qu'il _____ le devoir bientôt.

I   S   10. (être) Il faut que nous _____ coopératifs.

Emploi du subjonctif après des conjonctions

G. Fort à propos. Sometimes timing is everything. Use the conjunction in parentheses to form one complete sentence expressing exactly when each event will take place.

1. Nous allons partir. Il y a trop d'autos. (avant que)

   _____

2. Je vais rentrer chez moi. Il arrive dans dix minutes. (à moins que)

   _____

3. Nous allons à la discothèque. Vous dansez. (afin que)

   _____

4. Elle conduit la voiture de son père. Il ne le sait pas. (sans que)

   _____

5. Irène ne dort pas. Il va faire de l'orage. (de peur que)

   _____

6. Ils étudient jusqu'à minuit. Ils sont très fatigués. (bien que)

   _____

7. Nous prenons un verre. Nicolas arrive. (en attendant que)

   _____

8. Tu conduis sa sœur au cinéma. Elle voit le nouveau film de Kevin Costner. (pour que)

   _____

APPLICATIONS

H. Phrases incomplètes. Complete the sentences with your own thoughts. Use your imagination!

1. Mon ami(e) veut que _____

_____.

2. Mes parents sont heureux que _____

_____.

3. Demain, il faut que _____

_____.

4. Je suis furieux(-se) que _____

_____.

5. Il est temps que les jeunes de dix-huit ans _____

_____.

6. Le public ne souhaite pas que les étudiants _____

_____.

7. Les jeunes veulent que _____

_____.

8. Je voudrais que _____

_____.

I. Amusons-nous! Read each sentence and try to imagine the sound represented by the words in bold. Write the closest English equivalent for each sound.

Modèle: **Aïe aïe!** Je me suis brûlé!
       Ouch!

1. **Broum, broum!** Le moteur démarre. _____

2. **Crac!** J'ai déchiré (*tore*) mon pantalon. _____

3. **Drring!** Il y a quelqu'un à la porte. _____

4. **Hic!** J'ai le hoquet. _____

5. **Ouf!** Il est enfin parti! _____

6. **Pan!** Un coup de feu éclate dans la nuit. _____

7. **Patatras!** Toute la vaisselle est par terre! _____

8. **Pin-pon!** C'est la sirène des pompiers. _____

9. **Teuf-teuf-teuf!** fait le moteur de la vieille voiture. _____

10. L'horloge fait **tic-tac, tic-tac!** _____

11. **Trring!** C'est le téléphone. _____

12. **Youpiiie!** Nous avons gagné! _____

J. Mots croisés.

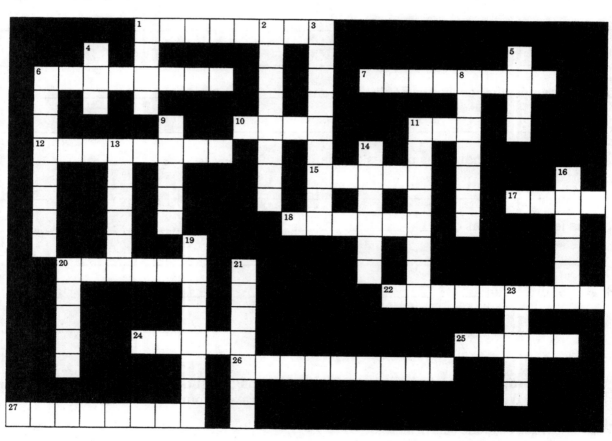

HORIZONTALEMENT

1. Mettre au courant à l'avance

6. Ce que Sylvie veut que l'on ne casse pas

7. Si on se coupe, on se fait une _____.

10. On fait ce bruit quand on rit.

11. Le dieu des bergers ou le bruit que fait un fusil

12. D'une façon aléatoire, au hasard, ne pensant pas aux conséquences: à l' _____

15. — Qui t'a dit mon secret? — C'était mon petit _____ .

17. Qu'est-ce qui _____ mieux si on veut participer aux jeux Olympiques: faire de la luge ou du ski?

18. Seul le gardien de but peut y toucher.

20. L'équivalent de « très vite » dans l'expression « partir comme une _____ ».

22. La _____ ne fonctionne pas dans beaucoup de restaurants. Il faut acheter une télécarte pour téléphoner.

24. Henri a joué trop dur au basket. Il faut qu'il _____ maintenant.

25. Un danseur de corde n'a pas besoin d'un gilet de sauvetage, mais plutôt d'un _____

26. Le dispositif qui enregistre votre message: un _____ automatique

27. Synonyme de « encore » dans le sens « sans interruption »

VERTICALEMENT

1. Comment on peut tomber sans se blesser

2. Tant pis si la neige est fondue. On fera plutôt du ski _____ .

3. Pierre retrouvera ou _____ ses amis plus tard.

4. Synonyme de « calembour », une sorte de plaisanterie: un _____ de mots

5. Ceci indique un déchirement.

6. Opportunity

8. Elu à l'Académie française en 1983, cet ancien président du Sénégal écrit des poèmes émouvants.

9. La quête de notre poète sénégalais concernant l'esprit de Paris, c'était la recherche de l' _____ .

11. La glace ne sert pas de nourriture dans cette activité.

13. Pas grossier, mais plutôt fin ou _____

14. Cet instrument de musique honore la mémoire d'un peintre français.

16. Arrête! Tu parles trop! Ça _____!

19. — Je ne crois pas que Pierre veuille nous accompagner. — Tant mieux! Bon _____!

20. Il est possible que Sylvie _____ de la planche à voile sur le plan d'eau à Bourges demain.

21. Dès que tu _____ les jambes, tu te sentiras mieux, Nicole. Elles sont trop rigides.

23. Robert s'est coupé. Il faut absolument qu'il _____ à la pharmacie acheter des pansements.

CHAPITRE 18 *Au cinéma*

EXERCICES ECRITS

VOCABULAIRE

A. Synonymes et expressions approximatives. Study the following list of **Synonymes et expressions approximatives.** Then rewrite each sentence, substituting an appropriate new term for the term in italics.

> ce genre = ce type, cette sorte
> idiot = stupide, ridicule, bête, niais, absurde, déraisonnable
> des idées arrêtées = des idées fixes, des idées déterminées
> Ne vous emballez pas! = Ne vous énervez pas! Calmez-vous!
> une séance = une représentation
> tu as changé d'avis = tu as changé ton opinion
> un préjugé = une opinion préconçue
> un navet = un mauvais film (littéralement: *turnip*)
> le but = le dessein, l'objectif
> justement = précisément

1. J'aime *ce genre* de films.

   _____

2. C'est plutôt *idiot*.

   _____

3. Tu sembles avoir *des idées très arrêtées* sur le sujet!

   _____

4. Ça va, ça va. *Ne vous emballez pas!* Allons-y!

   _____

5. Nous discuterons après *la séance*.

   _____

6. Alors, *tu as changé d'avis* et perdu tes *préjugés* maintenant que tu as vu le film?

   _____

7. Ces films sont *des navets!*

   _____

8. Il faut que tu comprennes *le but* du film.

_____

9. Mais *justement,* il semble que le metteur en scène n'en ait pas eu.

_____

B. Quelle sorte de film? Your friend, a French exchange student, has made a list of American movies she thinks she might like to see. Identify each movie's category in French.

1. *Fatal Attraction* _____

2. *Naked Gun 2½* _____

3. *Star Trek VI* _____

4. *Beauty and the Beast* _____

5. *Dracula* _____

6. *Lethal Weapon 3* _____

7. *Truth or Dare* _____

8. *Silence of the Lambs* _____

GRAMMAIRE
Récapitulation du subjonctif

C. Raisons. The following sentences all take the subjunctive—but why? First write the correct subjunctive form of the verb in parentheses. Then write the letter of the reason the subjunctive is required.

a. The subjunctive is used when an expression of urgency or necessity precedes the subordinate clause.
b. The subjunctive is used when a verb expressing will or judgment precedes the subordinate clause.
c. The subjunctive is used when an expression of doubt or uncertainty precedes the subordinate clause.
d. The subjunctive is used when an expression of emotion precedes the subordinate clause.
e. The subjunctive is used after certain impersonal expressions.
f. The subjunctive is used after certain conjunctions.

_____ 1. (venir) Catherine est triste que Lucie ne _____ pas.

_____ 2. (avoir) Pourvu que tu _____ raison!

_____ 3. (apprendre) Il est nécessaire que vous l'_____.

_____ 4. (inviter) J'aime mieux qu'on ne m'_____ pas.

_____ 5. (être) Il est juste que vous _____ condamné.

_____ 6. (vouloir) Mes parents doutent que je _____ rentrer chez eux.

_____ 7. (boire) Préférez-vous que nous _____ moins?

_____ 8. (sortir) Nous regrettons que vous _____ ce soir.

_____ 9. (choisir) Je ne suis pas certain que tu _____ bien.

Le verbe *devoir*

D. Maudit soit le plastique! Sometimes people use their credit cards too much. Use the cues and the correct present tense form of **devoir** to tell how much each person owes.

1. Je / 150 € _____

2. Ma famille et moi, nous / 2 500 € _____

3. Ma meilleure amie / rien _____

4. Vous / 1 000 € _____

5. Mes camarades / 860 € _____

6. Tu / 3 000 € _____

7. Olivier / 500 € _____

8. Judith et Jeannot / 5 000 € _____

Les verbes *recevoir* et *pleuvoir*

E. Le cadeau idéal. Choosing the perfect gift is always difficult. Based on each person's description, use a noun from the list and the correct present tense form of the verb **recevoir** to tell what he or she receives for his or her birthday.

des CD	le parfum	des livres	des cartes
une robe en soie	des skis	un tambour	une cravate
une mobylette	un lapin	un bracelet montre	des fleurs

1. Monique est une femme élégante. Elle travaille dans une banque.

_____

2. Vous êtes sportif. Vous allez dans les Alpes chaque hiver.

_____

3. Je suis cadre. Je travaille dans un grand bureau.

_____

4. Lisette et Thomas sont des étudiants sérieux. Ils aiment rester chez eux.

_____

5. Barbara est une étudiante qui n'est pas sérieuse! Elle aime les fêtes.

_____

6. Nous habitons très loin de l'université, mais nous n'avons pas de voiture. Nous détestons marcher.

_____

7. Tu aimes les animaux. Tu habites dans une ferme.

_____

8. Jean-Philippe adore jouer au poker avec ses copains.

_____

9. Tu aimes beaucoup la musique. Tes amis et toi, vous avez formé un groupe qui s'appelle « Les Tortues ».

_____

Emplois de l'infinitif

F. La fin de l'été. Summer is slipping away and Bruno has made a list of all the opportunities he feels he is missing. Use **regretter de** and an infinitive to restate each of his regrets.

Modèle: Je ne voyage pas.
         Je regrette de ne pas voyager.

1. Je ne rends pas visite à mes grands-parents.

_____

2. Je ne téléphone jamais à ma cousine en France.

_____

3. Je ne fais ni cyclisme ni jogging.

_____

4. Je n'écris qu'à une personne.

_____

5. Je n'apprends pas à parler italien.

_____

6. Je ne lis aucun livre.

_____

7. Je ne sors jamais avec mes amis.

_____

8. Je ne fais rien.

_____

Le participe présent

G. Pensées amoureuses. Roméo is trying to persuade Juliette that he has spent the entire day thinking about her. Use the cues and the present participle to help him express himself.

Modèle: J'ai pensé à toi... / je me réveillais
J'ai pensé à toi en me réveillant.

J'ai pensé à toi...

1. je me rasais _____

2. j'attendais l'autobus _____

3. je prenais mon café au lait _____

4. je travaillais _____

5. je parlais au téléphone _____

6. je déjeunais _____

7. je finissais mon travail _____

8. j'allais au restaurant _____

9. je t'apercevais _____

APPLICATIONS

H. Mes conseils. Your friends have come to you for advice. Use the verb **devoir** to tell them what they should or should not do.

1. Mon père veut maigrir. _____

_____

2. Je veux être heureux(-se). _____

_____

3. Mon ami(-e) veut se marier tout de suite. _____

_____

4. Nous voulons être riches. _____

_____

5. On veut résoudre les problèmes du monde. _____

_____

I. Comment? Use the present participle to tell how you do the following things.

1. Je célèbre mon anniversaire en...

_____

2. Je me repose...

_____

3. Mes amis et moi, nous nous amusons...

_____

4. Je fais de l'exercice...

_____

5. Je m'énerve...

_____

J. Mots croisés.

HORIZONTALEMENT

1. Le producteur doit faire attention à la _____ s'il veut trouver l'acteur idéal pour chaque rôle.

6. La baisse du taux de chômage a _____ améliorer les conditions sociales l'année dernière.

7. Seule conjugaison de « pleuvoir » au présent du subjonctif

8. *Prends l'oseille et tire-toi* de Woody Allen n'est pas un _____.

11. L'Europe unie, comme un groupe de médecins formidables, fonctionnera sans celles-ci.

12. Contraire des sifflets au théâtre

13. Antonyme de « dépenser »

18. Robert a reconnu le pickpocket. Il disait à la police qu'il pourrait en _____ sa main au feu.

22. Quel était le dessein de l'artiste en créant ce dessin _____ de Mickey Mouse?

23. Ce n'est pas un beau rêve.

24. Mais Robert, *Le lac des cygnes* n'est pas un opéra, c'est un _____ de Tchaïkovski.

25. Ceci indique un film russe.

26. Après s' _____ lavé,...

27. Où on trouve souvent des esquimaux en France.

28. Où on trouve le nom des acteurs, des actrices, etc.

VERTICALEMENT

1. Pierre a refusé de regarder *S.O.S. Fantômes* parce que c'était _____. Il préfère les films en v.o.

2. C'est une bande qui n'est jamais dessinée.

3. Synonyme de « précisément »

4. _____, cher Monsieur, l'expression de mes sentiments distingués.

5. C'est quelqu'un qui doit se rendre compte des indications scéniques.

7. Un préjugé, c'est une opinion _____.

9. Ceci nous lance un défi.

10. Il nous faut savoir _____ nos rôles avant la représentation de notre sketch.

11. C'est en forgeant qu'on devient _____.

14. Contraire de « encore »: ne... _____

15. Synonyme de « bête »

16. _____ au réalisateur du film documentaire, la réputation de Jacques Cousteau ne cessera de s'accroître.

17. On n'y voit pas de fantômes, normalement, mais plutôt un film.

18. Après avoir été au régime, Nicole a découvert que l'appétit vient en _____.

19. Pas bon marché

20. Le dollar en est une.

21. Tu serais obligé de le faire: Tu _____ le faire.

22. Une idée qu'on ne peut pas changer, c'est une idée _____.

CHAPITRE 19   *Les villages*

EXERCICES ECRITS

VOCABULAIRE

A. Synonymes et expressions approximatives. Study the following list of **Synonymes et expressions approximatives.** Then rewrite each sentence, substituting an appropriate new term for the term in italics.

> rédigeraient un rapport = feraient un exposé, feraient un compte-rendu, présenteraient des faits par écrit
> en tirant au sort = en choisissant au hasard
> sont tombés sur = ont tiré le nom de, ont choisi au hasard
> en faisant de l'auto-stop = en arrêtant une automobile pour se faire transporter gratuitement
> d'accord = d'ac, j'y consens
> des informations = des renseignements
> un tête-à-tête = un rendez-vous
> partager = diviser en plusieurs parts, avoir en commun
> à la bonne franquette = à la fortune du pot, sans cérémonie, très simplement
> trois couverts = ce qu'il faut pour manger pour trois personnes: assiettes, fourchettes, couteaux, etc.
> bavarder = parler de toutes choses

1. Les étudiants iraient visiter un village et *rédigeraient un rapport.*

   _____

2. *En tirant au sort* le nom d'un village, Robert, Henry et Marguerite *sont tombés* sur le village de Valençay.

   _____

   _____

3. Ils s'y sont rendus *en faisant de l'auto-stop.*

   _____

4. *D'accord,* mais passons d'abord au bureau de poste.

   _____

5. Notre professeur nous a demandé de rassembler autant d'*informations* que possible.

   _____

6. Je vous invite à le *partager* avec nous *à la bonne franquette.*

_____

7. On va ajouter *trois couverts.*

_____

8. Ça nous laissera du temps de *bavarder.*

_____

B. A la poste. Your friend is confused by the differences between French and American post offices. Give him some advice by completing the following sentences.

1. Quand on entre à la poste, on va directement au _____.

2. Sur l'enveloppe, on écrit l'adresse et on met un _____.

3. Pour envoyer une lettre de France aux Etats-Unis, on l'envoie _____.

4. Pour envoyer un message urgent, on peut employer un _____

   ou un _____.

5. A la poste, on peut aussi téléphoner d'une _____.

6. Si on ne sait pas le numéro de téléphone, on cherche dans l'_____.

GRAMMAIRE
Les prépositions avec l'infinitif

C. Fête des mères. It's Mother's Day, the busiest day of the year for the telephone company. To tell what everyone does, complete each sentence with a preposition, if necessary, and the infinitive **téléphoner.**

1. Julie essaie _____.

2. Hugues refuse _____.

3. J'oublie _____.

4. Anne finit _____.

5. Tu commences _____.

6. Nous réussissons _____.

7. Armand arrive _____.

8. Eugénie continue _____.

9. Thérèse cesse _____.

Le verbe *ouvrir*

D. Ouvert ou fermé? Use the cues and the correct present tense form of **ouvrir** to tell whether each person does or does not open something.

1. Roger a très froid. (la porte)

   Il _____.

2. Le prof nous a dit de nous taire. (la bouche)

   Nous _____.

3. Tu as chaud. (la fenêtre)

   Tu _____.

4. C'est l'heure d'étudier. (les livres)

   Vous _____.

5. Ils sont très curieux. (la lettre)

   Ils _____.

6. Je me réveille. (les yeux)

   J' _____.

7. Nous cherchons les bandes dessinées. (le journal)

   Nous _____.

Les pronoms possessifs

E. La discothèque. A group of American students are in a Paris disco for the first time. To make sure they do everything right, they closely watch their French friend Patrick and imitate his every move. Use the cues in parentheses and the appropriate possessive pronouns to tell what they do.

Modèle: Patrick pend son manteau. (je, vous)
         Je pends aussi le mien.
         Vous pendez aussi le vôtre.

1. Patrick montre sa carte d'identité. (Bob, nous)

   _____

   _____

2. Patrick cherche son portefeuille. (je, tu)

   _____

   _____

3. Il parle avec ses amis. (vous, Nancy)

_____

_____

4. Il danse avec son amie. (tu, Bill)

_____

_____

5. Il commande sa boisson préférée. (Nancy et Ann, je)

_____

_____

Le plus-que-parfait

F. Un vase cassé. Madame Rémy is trying to figure out who broke her Ming vase. Geneviève claims it couldn't have been her or any of her friends. Use the cues and the pluperfect to tell why.

Quand le vase est tombé,...

1. Je / sortir de la pièce _____

2. Lucie / partir _____

3. Tu / ne pas rentrer _____

4. Albert / aller aux W.-C. _____

5. Claudette et Michèle / sortir _____

6. Nous / finir le goûter _____

7. Richard / décider de mettre les fleurs dans le... _____

Oh, là, là! C'était Richard!

Le conditionnel passé

G. A votre place... Use the past conditional to tell what others would have done differently to avoid the disasters that befell these people.

1. Eve n'a pas lu dans le journal qu'il allait pleuvoir ce soir. Elle a décidé d'aller au concert à pied et elle n'a pas mis son imperméable. Elle s'est fait tremper.

   Je _____.

2. Mme Moreau est partie sans regarder les indicateurs dans sa voiture. Le trajet est long jusqu'à Lyon et comme cela fait huit jours qu'elle n'a pas acheté d'essence, elle est tombée en panne.

   Nous _____.

3. Marianne a changé 200 dollars à la banque. Elle a mis son argent dans la poche de son sac à dos. Elle est descendue dans le métro. Un pickpocket a volé tout son argent.

   Tu _____.

4. Maurice n'est pas souvent allé en cours de physique. Il n'a lu aucun chapitre dans le livre. Il a seulement pris quelques notes. Il a raté l'examen de fin d'année.

   Isabelle et Joël _____.

5. Alain n'a pas parlé à Patricia. Il a refusé de la regarder et pendant ses vacances, il a oublié de lui envoyer une carte et de lui téléphoner. Maintenant elle ne répond pas au téléphone.

   Didier _____.

6. Viviane est allée à une fête organisée par un club d'étudiantes. Elle portait une jolie robe. Elle n'a parlé à personne. Elle n'a pas dansé. Elle s'est assise dans un fauteuil.

   Vous _____.

7. Yannick n'a pas suivi un seul cours de français. Il n'a appris aucun mot de français. Il a refusé de lire des guides touristiques. Il a oublié son dictionnaire. Il est allé à Paris et il n'a pu trouver ni hôtel ni taxi.

   Je _____.

APPLICATIONS

H. Caractéristiques. Based on the description of each person, use the conditional and the cues in parentheses to tell what he or she would do.

Modèle: Le maire aime bavarder. (continuer / parler)
           Le maire continuerait à parler.

1. Je suis très triste. (commencer / pleurer)

   _____

2. Tu nettoies tout le temps. (aimer / faire le ménage)

   _____

3. Nous détestons les champignons. (refuser / les manger)

   _____

4. Vous étudiez le japonais. (vouloir / voyager au Japon)

   _____

5. Ils travaillent sans cesse. (essayer / finir)

   _____

6. Raoul enseigne la chimie à Virginie. (l'aider / faire le devoir)

_____

I. Un ami généreux / Une amie généreuse. Use the conditional of the verb **offrir** to tell what you would give each person if money were no object.

1. mon meilleur ami / ma meilleure amie

_____

2. mon (ma) camarade de chambre

_____

3. mes parents

_____

4. mon professeur

_____

5. mon petit ami / ma petite amie

_____

J. Expressions curieuses. There are many French expressions using words for parts of the body. Some of these expressions are similar to English expressions and some are different. Study the expressions below.

bras dessus, bras dessous	_arm in arm_
la main dans la main	_holding hands_
les yeux dans les yeux	_staring_
coude à coude	_elbow to elbow_
nez à nez	_face to face_
un tête-à-tête	_meeting, private conversation_
face à face	_face to face_
dos à dos	_back to back_
corps à corps	_hand to hand (fighting)_

Write original sentences using expressions from the list above.

Modèle: **Contents, ils sont partis bras dessus, bras dessous au cinéma.**

_____

_____

_____

_____

_____

K. Mots croisés.

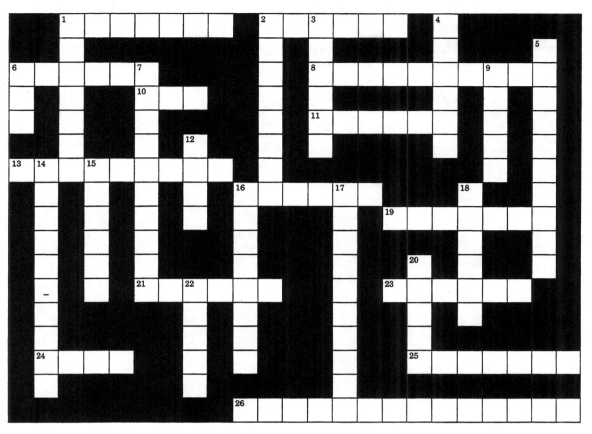

HORIZONTALEMENT

1. On le trouve sur le téléphone à touches et sur le piano.

2. Est-ce que vous êtes _____ au téléphone? Si oui, vous pourrez obtenir le Minitel gratuitement.

6. Objet dans lequel on peut garder son argent, ou bien c'est une institution financière.

8. Manger simplement, c'est manger à la bonne _____ .

10. A l'impossible _____ n'est tenu.

11. Si vous aviez fini d'interroger les témoins, vous auriez _____ votre rapport.

13. Le bon paysan était parfois malin, mais surtout _____.

16. Région du Bassin parisien et région historique, c'est également le nom d'une région historique au sud-est du Québec.

19. _____ n'est pas le centre de Paris, même s'il y a beaucoup de touristes.

21. Ce qu'il faut mettre comme affranchissement sur une enveloppe

23. Selon Pascal, c'est l'homme, le _____ le plus faible de la nature, mais un _____ pensant.

24. J'ai ma télé. Les Fourchet ont-ils la _____?

25. La belle _____, c'est un symbole agricole de la France, modelée sur Brigitte Bardot.

26. A la gare, on va au bureau de _____ si on a des questions sur les trains.

VERTICALEMENT

1. La fourchette, la cuiller, l'assiette: toutes font partie du _____.

2. Fais ce que tu dois, _____ que pourra.

3. Sandrine t'a fait cadeau d'un voyage en France? Qu'est-ce que tu lui as _____?

4. Après les récoltes, on voit beaucoup de _____ par terre dans les champs.

5. Le chien est bien aimé pour son _____.

6. La qualité du _____ français est impressionnante. On la doit à la sueur des agriculteurs.

7. Un professeur est un _____.

9. Quel est le _____ réduit pendant la période bleue entre Paris et Bourges, s.v.p.?

12. Une sorte de prêtre; titre d'un roman de Balzac, *Le _____ de Tours,* publié entre 1839 et 1841

14. Ville maritime française où le Minitel a connu son début

VERTICALEMENT

15. Combien d' _____ de valeur obtient-on pour un cours de français chez vous?

16. On aime jaser, parler, _____ si on est loquace.

17. Contraire de « diminution »

18. Dans le passage de Ch. Péguy, on trouve des images ondulantes, des _____ de céréales.

20. Les deux auto-stoppeurs ne se sont pas bien entendus. Ils ont failli lutter _____ à _____.

22. M. de Rênal est à la tête de la ville, c'est-à-dire, le _____.

CHAPITRE FACULTATIF

EXERCICES ECRITS

VOCABULAIRE

A. Synonymes et expressions approximatives: Au bureau de poste. Study the following list of **Synonymes et expressions approximatives.** Then rewrite each sentence, substituting an appropriate new term for the term in italics.

un stage = une période d'études pratiques
me filer ° = me donner
prévenir = avertir, aviser
ne te gêne pas = ne sois pas timide, ne sois pas si réservé
salut = bonjour
vous avez encore droit à = vous pouvez encore avoir
c'est dommage = c'est regrettable
sensass = sensationnels, excellents, formidables, extraordinaires
des super mecs = des surhommes
vachement ° = très

1. *C'est dommage* que *le stage* se termine.

   _____

2. Est-ce que tu vas *me filer* une liste de courses à faire?

   _____

3. *Ne te gêne pas* de nous *prévenir* de ton arrivée.

   _____

4. L'employé de poste dit que *vous avez encore droit à* trois mots pour le même prix.

   _____

5. Henry et Robert sont *vachement* bien: ils sont *sensass—des super mecs!*

   _____

B. Synonymes et expressions approximatives: Dîner d'adieu. Study the following list of **Synonymes et expressions approximatives.** Then rewrite each sentence, substituting an appropriate new term for the term in italics.

succulent = délicieux, exquis, savoureux, agréable
un tourne-disque = un électrophone, un hi-fi
régaleront = amuseront, distrairont, divertiront

vos foyers = vos maisons, vos familles
accuellis = reçus
chaleureusement = chaudement, avec enthousiasme
proches = près
je ressens = je sens avec émotion ou avec un sentiment agréable
de la bonne chère = du bon repas, des bons mets, des bons plats
en aparté = en échangeant des paroles dans un petit groupe séparé

1. Le chef prépare un repas *succulent* en écoutant son vieux *tourne-disque.*

   _____

2. Les danseurs *régaleront* la compagnie après le dîner.

   _____

3. Comme vous nous avez *accueillis chaleureusement* dans *vos foyers,* nous nous sentons très *proches* des Français.

   _____

4. Le professeur a exprimé exactement ce que *je ressens.*

   _____

5. Avant de profiter *de la bonne chère,* les trois amis se retrouvent *en aparté.*

   _____

GRAMMAIRE

Le subjonctif passé

C. Je me demande pourquoi. Hélène has just stormed off, furious about something. Her friends try to figure what she was angry about. Complete their comments with the past subjunctive of the verbs in parentheses.

1. (rater) Il est possible qu'elle _____ l'examen.

2. (avoir) Je doute qu'elle _____ rendez-vous aujourd'hui.

3. (être) Il est normal qu'elle _____ comme ça!

4. (parler) Il n'est pas bon qu'elle nous _____ de cette manière.

5. (revenir) Il est impossible qu'elle _____ .

Le verbe *plaire*

D. Autrement dit. The Licel family is enjoying an evening out. Use the verb **plaire** to restate their comments.

Modèle: Nous aimons ce vin.
   Ce vin nous plaît.

1. J'aime ce restaurant. _____

2. Tu adores ces pâtisseries. _____

3. Elle aime ce garçon de café. _____

4. Vous aimez ce fromage. _____

5. Nous aimons ces desserts. _____

6. J'aime beaucoup ces prix. _____

Le passé simple

E. Infinitifs. Match the **passé simple** on the left with the corresponding infinitive on the right. Two infinitives are superfluous.

_____ 1. fûmes   a. savoir

_____ 2. vint   b. fumer

_____ 3. allâtes   c. pouvoir

_____ 4. prîtes   d. avoir

_____ 5. vînmes   e. prendre

_____ 6. sus   f. vivre

_____ 7. pus   g. voir

_____ 8. vit   h. venir

_____ 9. eurent   i. aller

                        j. être

                        k. faire

Le futur antérieur

F. La séparation. You and your "special someone" are saying good-bye for a week. How you will miss each other! Use the future perfect to go over all the things he or she will have done by the time you see each other again.

1. aller en classe avec un(e) autre.

   Il/Elle _____

2. étudier seul(e)

_____

3. manger 21 repas

_____

4. voir un film

_____

5. écouter « notre chanson »

_____

6. m'écrire huit lettres

_____

G. Accomplissements. Imagine yourself if you were to run into your classmates ten years from now. What will you have done? Use the cues and the affirmative or negative of the future perfect for items 1–6. For items 7–8, make up two more sentences describing what you will have done.

1. se marier _____

2. être diplômé(e) _____

3. aller en France _____

4. travailler cinq ans _____

5. faire le service militaire _____

6. avoir des enfants _____

7. _____

8. _____

La voix passive

H. Par qui? Use one element from each column to form six complete sentences in the passive voice. Be creative!

A	B	C	D
mon chien	tuer		Victor Hugo
Les Misérables	frapper		mon ami(e)
ce devoir	écrire	par	une auto
cette exposition	faire		un bus
ces paquets	voir		Voltaire
ce film	laisser		le facteur
ce roman	trouver		la police
cet examen	donner		le professeur
ce cadeau			ma grand-mère

1. _____

2. _____

3. _____

4. _____

5. _____

6. _____

Le verbe *craindre*

I. La peinture. Serge and Yannick are art critics. Use the cues to construct their comments to each other.

1. Vincent Van Gogh / peindre / le paysage

   _____

2. tu / peindre / très bien, Serge

   _____

3. Renoir et Lautrec / peindre / les gens

   _____

4. Je / rejoindre / vous / au café

   _____

5. Il faut que / je / éteindre / les lumières

   _____

6. Nous / atteindre / le pic du Mont-Blanc

   _____

J. Mots croisés.

HORIZONTALEMENT

1. Sorte de fromage
3. Synonyme de « boulot »
8. Animer et amuser
9. Il rouspète, il se _____ tout le temps. C'est énervant!
10. Je n'aime pas qu'il n' _____ pas éteint sa cigarette.
12. Jules César dit: « Je _____, je vis, je vainquis » (mais en latin, bien sûr).
13. Pas une séparation
15. Super
16. Le tiroir était entrebâillé, l'inspecteur voyait qu'il n'était pas tout à fait _____.
17. _____ agréer l'expression de mes sentiments les meilleurs.
18. Chaleureusement
21. Passé simple de « devoir », 3e personne; homographe...
25. Ce qui n'est pas obligatoire est _____.
26. A un repas de mariage, on fait généralement bonne _____. Il y a tellement de choses!
27. Un des auteurs de votre manuel scolaire
28. Offrir un cadeau à quelqu'un, ça fait _____.

VERTICALEMENT

1. Contraire de « longueur »
2. Il a le nez mince, _____.
4. Nécessaire pour faire du Roquefort: du lait de _____
5. Equivalent de « nous avons parlé »: nous _____
6. Elle est partie déçue. Il est dommage que vous lui _____ maintenant.
7. Tu t' _____ si tu vas pieds nus dans la neige.
9. Donner l'alerte
11. Elle t'a retrouvé, elle t'a _____ (synonyme).
14. En _____ Godot, Estragon passa un bon petit bout de temps à ne rien faire.
17. Très
19. Ce qu'on peut prononcer
20. Logement
22. Le film, tu l'as aimé? Ça t'a _____?
23. Animal et sorte de fromage
24. Synonyme de « monta »
25. Passé simple de « être » à la 2e personne

Le monde francophone

EXERCICES ECRITS

A. Une carte mondiale. On a map of the world, color in and label all the French-speaking countries and areas you have just read about. Then use other resources to complete your map with all the French-speaking countries of the world.

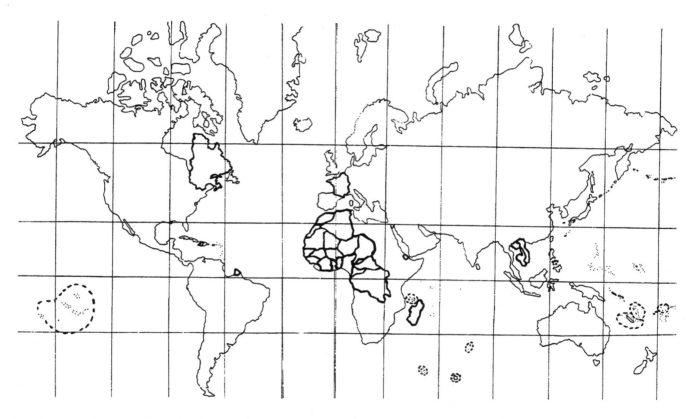

B. Au syndicat d'initiative. Imagine that you are the director of the tourist bureau for one of the countries or regions you have just studied. Write a travel brochure to encourage tourists to visit your country.

Exercices de laboratoire

CHAPITRE PRELIMINAIRE

EXERCICES DE LABORATOIRE

A. Prononciation: L'alphabet français avec l'alphabet phonétique international.
There are 26 letters in the French alphabet. The columns below show the ways in which French is written and pronounced. The pronunciations are represented by phonetic alphabet. Repeat each letter after the speaker.

a	[a]	n	[ɛn]
b	[be]	o	[o]
c	[se]	p	[pe]
d	[de]	q	[ky]
e	[ə]	r	[ɛr]
f	[ɛf]	s	[ɛs]
g	[ʒe]	t	[te]
h	[aʃ]	u	[y]
i	[i]	v	[ve]
j	[ʒi]	w	[dubləve]
k	[ka]	x	[iks]
l	[ɛl]	y	[igrɛk]
m	[ɛm]	z	[zɛd]

B. A l'aéroport. You are working at the Air France check-in counter. Listen carefully as people check in with you, giving their last names and spelling them out. Write each letter as you hear it.

1. Mlle ____ ____ ____ ____ ____ ____ ____

2. Mme ____ ____ ____ ____ ____ ____ ____ ____

3. M. ____ ____ ____ ____ ____ ____

4. Mme ____ ____ ____ ____ ____ ____ ____ ____

5. M. ____ ____ ____ ____ ____ ____ ____

6. Mlle ____ ____ ____ ____ ____ ____ ____

7. M. ____ ____ ____ ____ ____

8. Mlle ____ ____ ____ ____ ____ ____

9. Mme ____ ____ ____ ____ ____ ____

10. Mme ____ ____ ____ ____ ____ ____ ____

C. L'itinéraire. Your friend Mark is leaving for a long tour of France. As he describes his itinerary for you, write the names of the places he'll visit.

1. _____

2. _____

3. _____

4. _____

5. _____

D. Le professeur dit. You will hear a professor giving commands. Put the number of each command by the picture that best matches it.

a. _____

b. _____

c. _____

d. _____

e. _____

f. _____

E. En classe. Are the students in the pictures doing what their professor tells them to do? Listen as the professor gives each command. If it matches the picture, check **oui**; if not, check **non**.

OUI   NON

1.

_____   _____

OUI   NON

2.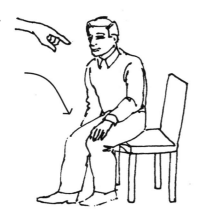

3.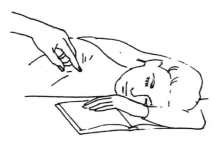

                                            ___   ___

4.

                                            ___   ___

5.

                                            ___   ___

CHAPITRE 1   *Le départ*

EXERCICES DE LABORATOIRE

A. Scénario. Listen carefully to the conversation between Henry, Robert, and the flight attendant. You may not understand every word, but you should be able to follow the story line.

B. A vous maintenant! Listen again to the **Scénario** and repeat during the pauses. Pay particular attention to pronunciation and intonation.

C. Prononciation: Le *h* muet versus le *h* aspiré. Listen to the discussion of the French letter **h** and repeat the key words and sentences during the pauses.

l'homme	→	les‿hommes
l'hôtesse	→	les‿hôtesses
le héros	→	les | héros
le Hongrois	→	les | Hongrois
la haute couture	→	les | hors-d'œuvre

L'héroïne aime le héros.
La Hongroise et l'homme américain sont amis.
L'hôtesse apporte les hors-d'œuvre.

D. Le genre. Identify the gender of each noun you hear by circling **m** for **masculin** or **f** for **féminin.**

1. m   f
2. m   f
3. m   f
4. m   f
5. m   f
6. m   f
7. m   f
8. m   f
9. m   f
10. m   f

E. L'arbre généalogique. Study the family tree. Then comment on each statement you hear by checking **vrai** if it is true or **faux** if it is false. You will hear each statement twice.

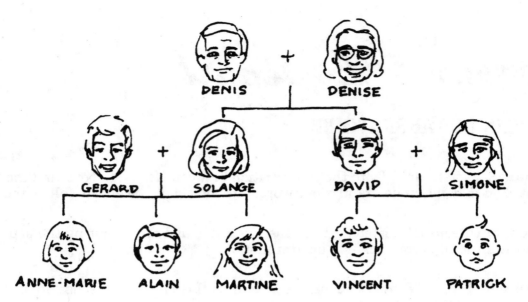

	VRAI	FAUX
1.	____	____
2.	____	____
3.	____	____
4.	____	____
5.	____	____
6.	____	____

F. Allons encore plus loin. Listen to the conversation between Robert, Henry, and Marguerite. Then, answer the following questions by circling the letter of the best response.

1. Où les deux amis arrivent-ils?

   a. A La Guardia.
   b. A Charles de Gaulle.
   c. A JFK.

2. Est-ce qu'ils sont en avance?

   a. Oui.
   b. Non.

3. Y a-t-il beaucoup de monde?

   a. Oui.
   b. Non.

4. Est-ce que tout le monde va en France?

   a. Oui.
   b. Non.

5. Où est-ce que les avions volent?

   a. Vers d'autres destinations.
   b. Seulement à Paris.
   c. A New York.

6. Henry est-il fatigué?

   a. Oui.
   b. Non.

7. Où atterrit le vol 707?

   a. A New York.
   b. A Rome.
   c. A Paris.

G. Et pour finir. Listen to the conversation between Robert and Henry. Then, answer the following questions by circling the best response.

1. Où les garçons sont-ils?

   a. Dans un avion.
   b. Dans une salle de classe.
   c. A l'aéroport.

2. Est-ce que Robert est content?

   a. Robert ne sait pas.
   b. Oui.
   c. On ne sait pas.

3. Henry est-il en avance?

   a. Henry n'est pas sûr.
   b. Oui.
   c. On ne sait pas.

4. Vont-ils parler à une femme?

   a. Oui
   b. Non
   c. On ne sait pas.

CHAPITRE 2 *L'arrivée*

EXERCICES DE LABORATOIRE

A. Scénario. Listen carefully to the conversation between the students and the taxi driver. You may not understand every word, but you should be able to follow the story line.

B. A vous maintenant! Listen again to the **Scénario** and repeat during the pauses. Pay particular attention to pronunciation and intonation.

C. Prononciation: Les voyelles. Listen to the discussion of French vowels and repeat the key words and sentences during the pauses. **Some expressions are intentionally humorous.**

1. [a]

table gare article la salade valise camarade bagages ami

L'article est sur la table.

Mon ami est assis et il mange de la salade.

A-t-il l'addition?

2. [e]

thé dîner pied répéter et aller nez rez-de-chaussée

J'ai mon pied dans le thé et mon nez dans le dîner.

Je vais aller au rez-de-chaussée.

L'école est fermée aujourd'hui. Allons jouer chez vous.

3. [ɛ]

père mère tête même frère après être mais lait laid billet ballet

Mon père et ma mère donnent un billet à l'homme.

Le jeune homme laid aime le lait mais non pas le ballet.

Etre ou ne pas être, là est la question!

4. [i]

si ici rire fini ami taxi mari midi

Si tu ris ici, mon ami, tu vas aller en taxi avec mon mari à midi.

Si six scies scient six cyprès, six cent six scies scient six cent six cyprès.

5. [o]

pot **eau** ch**au**d b**eau** cout**eau** h**ô**tesse

Je coupe l'**eau** dans le p**o**t avec le cout**eau** de l'h**ô**tesse.

Le nouv**eau**-né es b**eau**.

Le troup**eau** est ici.

6. [ɔ]

r**o**be n**o**tre h**o**mme c**o**mme S**o**rbonne d**o**llar

Je d**o**nne un d**o**llar à ma b**o**nne.

Les r**o**bes à la S**o**rbonne sont courtes.

Veux-tu un pot, mon p**o**te?

7. [u]

v**ou**s n**ou**s c**ou** t**ou**jours cout**eau** p**ou**rboire t**ou**t bonj**ou**r

V**ou**s placez t**ou**jours le p**ou**rboire sur le c**ou**.

N**ou**s disons t**ou**jours bonj**ou**r avec un c**ou**teau.

D. Singulier ou pluriel? You will hear a series of subjects and verbs. Decide whether each pair is singular (**singulier**) or plural (**pluriel**) and check the appropriate column. If a subject and verb could be either singular or plural, check **pas clair**.

SINGULIER	PLURIEL	PAS CLAIR		SINGULIER	PLURIEL	PAS CLAIR
1. ___	___	___	6. ___	___	___
2. ___	___	___	7. ___	___	___
3. ___	___	___	8. ___	___	___
4. ___	___	___	9. ___	___	___
5. ___	___	___	10. ___	___	___

E. Les prix. Listen as Alexandre and Caroline discuss some possible purchases. Then write the price of each item in the blank provided.

1.

2.

3.

___   ___   ___

4.    5.    6.

F. Allons encore plus loin. Read the appropriate passages and vocabulary on p. 36 in the textbook. You will hear a passage about a tourist's experience in a foreign country. Listen carefully as the passage is read twice. You will not understand every word, but you should be able to follow the story line. You will then hear a series of questions. Based on your understanding of the story, circle the letter of the best answer to each question.

1. Est-ce que les touristes arrivent en retard?

   a. Non, ils arrivent en avance.
   b. Oui, ils arrivent en retard.
   c. Ils arrivent à l'aéroport.

2. Où est-ce qu'ils arrivent?

   a. Les touristes.
   b. En taxi.
   c. A l'aéroport.

3. Qu'est-ce que la police fait?

   a. La police mange des sandwiches.
   b. La police demande les passeports.
   c. Les touristes.

4. Que fait le douanier?

   a. Il vérifie les documents.
   b. Il ne déclare rien.
   c. Il demande si on a des choses à déclarer.

5. Qu'est-ce que le douanier dit?

   a. « Ouvrez la bouche! »
   b. « Ouvrez la porte! »
   c. « Ouvrez la valise! »

6. Pourquoi est-ce que le touriste n'ouvre pas la valise?

   a. Il n'a rien à déclarer.
   b. Il est malade.
   c. Il est dépaysé.

7. Qu'est-ce que le douanier dit de montrer?

    a. L'intérieur de sa poche.
    b. L'intérieur de son livre.
    c. L'intérieur de la valise.

8. Qu'est-ce qu'il y a à l'intérieur?

    a. Rien.
    b. Une déclaration.
    c. Un douanier.

CHAPITRE 3 *A la gare*

EXERCICES DE LABORATOIRE

A. Scénario. Listen carefully to the students' conversations at the train station. You may not understand every word, but you should be able to follow the story line.

B. A vous maintenant! Listen again to the **Scénario** and repeat during the pauses. Pay particular attention to pronunciation and intonation.

C. Prononciation: Le *e* muet. Listen to the discussion of the French mute **e** and repeat the key words and sentences during the pauses.

demain   demander   venir

souvénir   avénue   boulévard

justement   premier   notre   votre   vendredi

Vendredi, **je** vais aller au cinéma avec notre professeur.
C'est justement **ce que je** dis.
Le premier du mois est toujours intéressant.
Demain, nous allons regarder la télévision.

1. J**é** veux faire la cuisin**é**.

2. Tu m**é** dis toujours ça.

3. Nous décidons d**é** parler.

D. En quelle saison sommes-nous? You will hear eight sentences. Write the number of each sentence below the picture it best describes. You may match more than one sentence to some of the pictures.

A.

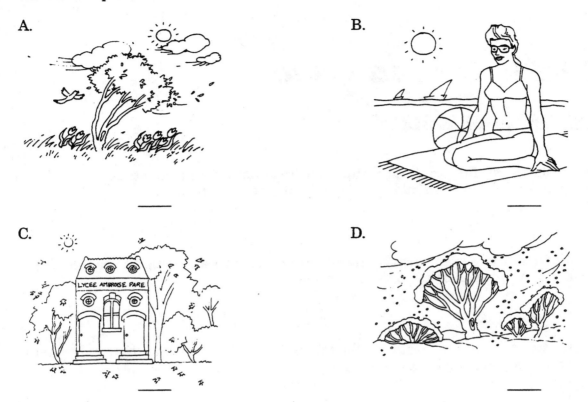

B.

_____

_____

C.

LYCÉE AMBROISE PARE

_____

D.

_____

E. L'heure officielle. Listen as people use the 24-hour clock to tell what time it is. Decide if each is A.M. or P.M. and check the appropriate column.

	A.M.	P.M.		A.M.	P.M.		A.M.	P.M.
1.	____	____	5.	____	____	9.	____	____
2.	____	____	6.	____	____	10.	____	____
3.	____	____	7.	____	____			
4.	____	____	8.	____	____			

F. On va où? Six friends have different things to do, so each is going to a different place. Based on what each person plans to do, decide where he or she is going. Then draw a line connecting each name with the appropriate destination. Follow the model.

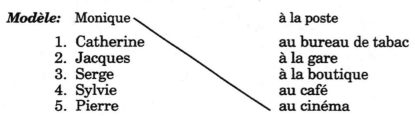

Modèle: Monique — à la poste

1. Catherine — au bureau de tabac
2. Jacques — à la gare
3. Serge — à la boutique
4. Sylvie — au café
5. Pierre — au cinéma

G. Maintenant ou plus tard (*later*)? You will hear descriptions of people's activities. Decide whether each action is taking place now or will take place later and check the appropriate column.

MAINTENANT   PLUS TARD   MAINTENANT   PLUS TARD

1. _____   _____   5. _____   _____

2. _____   _____   6. _____   _____

3. _____   _____   7. _____   _____

4. _____   _____   8. _____   _____

H. Allons encore plus loin. You will hear a passage that expands on this chapter's **Scénario**. Listen carefully as the passage is read twice. You may not understand every word, but you should be able to follow the story line. You will hear a series of questions and possible answers. Based on your understanding of the story, circle the letter of the best answer to each question.

1. Qu'est-ce que les trois étudiants attendent?

   a. Le train.
   b. La salle d'attente.
   c. Le garçon.

2. Où demandent-ils des renseignements?

   a. Au téléphone.
   b. Au bureau de renseignements.
   c. Au buffet.

3. Où déjeunent-ils?

   a. Dans le train.
   b. Sur la table.
   c. Au buffet.

4. Qu'est-ce qu'ils commandent?

   a. Des légumes.
   b. Des sandwiches.
   c. De la viande.

5. Qu'est-ce qu'ils réservent?

   a. Des valises.
   b. Des places.
   c. Des voitures.

6. Qu'est-ce qu'ils enregistrent?

   a. Les passeports.
   b. Les registres.
   c. Les bagages.

7. Qu'est-ce qui sonne l'heure?

   a. L'hôtesse de l'air.
   b. Le réveil-matin.
   c. La grande horloge.

8. Qu'est-ce qu'elle sonne?

   a. L'heure du départ.
   b. L'heure de l'arrivée.
   c. L'heure précise.

9. Pourquoi est-ce que les trois camarades ne vont pas dans le wagon fumeurs?

   a. Parce qu'ils désirent fumer.
   b. Parce qu'ils aiment la fumée.
   c. Parce qu'ils n'aiment pas la fumée.

10. Est-ce qu'ils sont contents du voyage?

   a. On ne sait pas.
   b. Oui.
   c. Non.

CHAPITRE 4 *Dans le train*

EXERCICES DE LABORATOIRE

A. Scénario. Listen to the conversations between Henry, Marguerite, Robert, and a fellow passenger on the train. You may not understand every word, but you should be able to follow the story line.

B. A vous maintenant! Listen again to the **Scénario** and repeat during the pauses. Pay particular attention to pronunciation and intonation.

C. Prononciation: Les sons [y], [ø] et [œ]. Listen to the discussion of the three French vowel sounds and repeat the key words and sentences during the pauses.

1. [y]

tu rue sur vu mur dur
pur cure luxe bureau vendu
ému du jus zut jupe

Tu roules contre un mur dur.

La rue me tue.

C'est sûr, tu es dur!

Je suis ému.

As-tu vendu ton bureau?

Zut! J'ai du jus sur ma jupe.

2. [ø]

feu peu œufs heureux peux sérieux
veux vieux deux queue jeu ceux

Du feu, s'il vous plaît.

Je veux deux œufs, mon vieux.

Sois sérieux, sois heureux: tu peux, tu sais.

Ceux qui participent au jeu ne font pas la queue.

3. [œ]

professeur sœur peur œuf heure
cœur beurre erreur mœurs leur

Je mange un œuf par jour.

Le professeur a deux sœurs.

Voltaire a dit: « Passe-moi le beurre ».

D. Le temps et la météo. You will hear seven statements about the weather. If a statement is logical, check **vrai**; if it is not logical, check **faux**.

VRAI	FAUX		VRAI	FAUX
1. ___	___	5.	___	___
2. ___	___	6.	___	___
3. ___	___	7.	___	___
4. ___	___			

E. Qu'est-ce qu'on aime faire? You will hear descriptions of what five people like to do. Decide which of the following expressions best describes each person's actions and write its letter next to the number of the appropriate sentence.

a. faire la grasse matinée   e. faire la queue
b. faire du sport   f. faire du ski
c. faire la cuisine   g. faire des voyages
d. faire des courses   h. faire une promenade

1. ___   2. ___   3. ___   4. ___   5. ___

F. Allons encore plus loin. You will hear a short conversation between three people on a train. You will hear seven questions; circle the correct answer for each question.

1. A quelle heure le train part-il?

   a. A dix heures trois du matin.
   b. A trois heures dix du matin.
   c. A deux heures trois du matin.

2. Qui entre dans le compartiment?

   a. Un étudiant.
   b. Trois étudiants.
   c. Trois étudiantes.

3. Fument-ils?

   a. Oui.
   b. Non.

4. Combien de personnes y a-t-il dans ce compartiment?

   a. Six.
   b. Quatre.
   c. Trois.

5. Où vont-ils probablement?

   a. A Blois.
   b. A Paris.
   c. A Bourges.

6. Quel temps fait-il?

    a. Il fait du soleil.
    b. Il pleut à verse.
    c. Il neige tout le temps.

7. Quel est le problème?

    a. Ils sont humides.
    b. Le champagne est sec.
    c. Ils sont mouillés.

CHAPITRE 5 *Rencontre à la gare*

EXERCICES DE LABORATOIRE

A. Scénario. Listen carefully to the conversation at the train station in Bourges. You may not understand every word, but you should be able to follow the story line.

B. A vous maintenant! Listen again to the **Scénario** and repeat during the pauses. Pay particular attention to pronunciation and intonation.

C. Prononciation: Les sons [j], [ɥ] et [w]. Listen to the discussion of the French semivowels and repeat the key words and phrases during the pauses.

1. [j]

fille Bastille abeille travail feuille grenouille œil

exceptions: *mille ville tranquille Gilles Lille*

2. [ɥ]

nuit fruit suis nuage juin

3. [w]

oui moi toi jouons coin fois

Une **fille** traverse le seuil de la **Bastille** avec sa fam**ille**.

Une ab**eille** n'est jamais tranquille; elle **travaille** tout le temps.

Gilles et les grenou**illes** sont tranquilles dans la ville de Lille.

Des feu**illes** tombent sans **bruit** au milieu de la **nuit**.

Jouons au **coin** de la maison, **loin** des **nuages** du **mois** de **juin**.

D. Comment sont-ils? You'll hear a statement about each picture. If the statement is true, write **v (vrai)**; if it is false, write **f (faux)** in the blank provided.

1. ____   2. ____   3. ____

4. ____   5. ____   6. ____   7. ____

E. Où est le chien? Où va-t-il? You will hear 12 sentences describing the location of the dog. Write the number of each sentence next to the picture it best describes.

A. ____

B. ____

C. ____

D. ____ →

E. ____

F. ____

G. ____

H. ____

I. ____

J. ____

K. ____

F. Singulier ou pluriel? You will hear three people talking about what they are doing with certain things. Listen carefully and decide whether each sentence is about one thing or more than one and place a check in the appropriate column.

		SINGULIER	PLURIEL
Nathalie	1.	____	____
	2.	____	____
	3.	____	____
Isabelle	4.	____	____
	5.	____	____
	6.	____	____
Sophie	7.	____	____
	8.	____	____
	9.	____	____
	10.	____	____

G. Soyez logique! You will hear questions about why five people want to do certain things. Decide which of the following expressions best explains the reason for each person's desire and indicate its letter to answer the appropriate question. Follow the model.

    a. a faim
    b. a peur
    c. a sommeil
    d. a mal à la tête
    e. a soif

Modèle: Pourquoi est-ce que Jean veut un sandwich?
    ... parce qu'il...
    ... parce qu'il __a__.

1. ... parce qu'elle ____.

2. ... parce qu'il ____.

3. ... parce qu'il ____.

4. ... parce qu'elle ____.

5. ... parce qu'elle ____.

EL-23

H. Récemment ou bientôt? Listen as some parents brag about their babies. If the parent is talking about the recent past, check **récemment;** if he or she is talking about the future, check **bientôt.**

	RECEMMENT	BIENTOT			RECEMMENT	BIENTOT
1.	____	____		6.	____	____
2.	____	____		7.	____	____
3.	____	____		8.	____	____
4.	____	____		9.	____	____
5.	____	____		10.	____	____

I. En faisant les courses: Où se terminent-elles? You will hear the routes four people take as they run their errands. All start at the supermarket on rue Emile Desvaux. Use the map to follow each person's progress. Then write his or her destination next to the appropriate name.

1. Sylvie _____

2. Nathalie _____

3. David _____

4. Pierre _____

J. Allons encore plus loin. You will hear a passage that expands on this chapter's vocabulary and grammar. Listen carefully as the passage is read twice. You may not understand every word, but you should be able to follow the story line. You will then hear a series of questions and possible answers. Based on your understanding of the story, circle the letter of the best answer to each question.

1. Comment peut-on décrire les messieurs?

   a. Forts.
   b. Maigres.
   c. Laids.

2. Où sont-ils au début?

   a. Loin de la porte.
   b. En bas de la porte.
   c. En bas de l'escalier.

3. Qu'est-ce qu'ils cherchent?

   a. La maison.
   b. Leur bureau.
   c. Leur voiture.

4. Qu'est-ce qu'ils traversent?

   a. Le pont.
   b. Leur voiture.
   c. Leurs amis.

5. Pourquoi sont-ils étonnés?

   a. Ils voient leurs neveux avec des cheveux devant le château.
   b. Ils voient leurs neveux avec des chevaux devant le château.
   c. Ils voient leurs neveux avec des chevaux derrière le château.

6. Que font leurs neveux?

   a. Ils viennent plus tard.
   b. Ils viennent avant.
   c. Ils viennent tout de suite.

7. Pourquoi ont-ils envie de boire?

   a. Parce qu'ils ont faim.
   b. Parce qu'ils ont chaud.
   c. Parce qu'ils ont soif.

CHAPITRE 6 *Chez les Fourchet*

EXERCICES DE LABORATOIRE

A. Scénario. Listen carefully to the conversations as Robert meets the Fourchet family and sees his new room. You may not understand every word, but you should be able to follow the story line.

B. A vous maintenant! Listen again to the **Scénario** and repeat during the pauses. Pay particular attention to pronunciation and intonation.

C. Prononciation: Les voyelles nasales. Listen carefully to the discussion of French nasal vowels and repeat the key words during the pauses.

1. [œ̃]

un **lun**di br**un** parf**um** chac**un**

Le **lun**di chac**un** porte **un** parf**um** br**un**.

2. [õ]

on **on**ze b**on** n**om** **on**cle b**on**b**on**

On a vu m**on** grand **on**cle le **on**ze avril quand il mangeait des b**on**b**on**s.

3. [ɛ̃]

v**in** **im**possible p**ain** f**aim** rais**in**

Il est impossible d'avoir faim quand on mange du pain et quand on boit du vin.

4. [ã]

bl**anc** cam**em**bert l**en**t l**am**pe J**ean**

Jean Lebl**anc** qui est très l**en**t m**an**ge du cam**em**bert sous la l**am**pe.

5. (mixed)

Le **lun**di m**on** grand **on**cle **Jean** Lebl**anc** fait l'**im**possible et m**an**ge du cam**em**bert br**un** au rais**in**.

NOTE:

mon b**on** **ami** **in**oubliable

immédiat **in**nocent

D. Les objets. You will hear six sentences that contain direct object pronouns. Decide whether each direct object pronoun refers to a masculine, feminine, or plural noun and check the appropriate column.

	MASCULIN	FEMININ	PLURIEL		MASCULIN	FEMININ	PLURIEL
1.	____	____	____	4.	____	____	____
2.	____	____	____	5.	____	____	____
3.	____	____	____	6.	____	____	____

E. Descriptions. You will hear eight sentences that describe people and things. Decide whether each person or thing is (1) masculine or feminine, and (2) singular or plural, and check the appropriate columns. Note that you should check two columns for each sentence.

	MASCULIN	FEMININ	SINGULIER	PLURIEL
1.	____	____	____	____
2.	____	____	____	____
3.	____	____	____	____
4.	____	____	____	____
5.	____	____	____	____
6.	____	____	____	____
7.	____	____	____	____
8.	____	____	____	____

F. La maison. You will hear ten statements about the contents of the house pictured on page 29. If a statement is true, check **vrai**; if it is false, check **faux.**

	VRAI	FAUX		VRAI	FAUX
1.	____	____	6.	____	____
2.	____	____	7.	____	____
3.	____	____	8.	____	____
4.	____	____	9.	____	____
5.	____	____	10.	____	____

G. Ça se fait où? You will hear eight sentences describing what people are doing. Draw a line from each person's name to the place he or she is most likely to be while performing the activity. Note that more than one activity may take place in some rooms. Follow the model.

Modèle: Jean   dans la chambre à coucher

1. Victor   dans la salle de bains
2. Sylvie et Pierre   dans le bureau
3. Madeleine   dans la salle à manger
4. Serge   dans le bureau
5. Suzette   dans la cuisine
6. Marc   dans la salle de séjour
7. Les enfants   dans le bureau
8. Charles   dans la chambre à coucher

H. Allons encore plus loin. You will hear a passage that expands on this chapter's vocabulary and grammar. Listen carefully as the passage is read twice. You may not understand every word, but you should be able to follow the story line. You will then hear a series of questions and possible answers. Based on your understanding of the passage, circle the letter of the best answer to each question.

1. Qu'est-ce qu'il y a dans la chambre?

   a. un lavabo
   b. un micro-ondes
   c. un lit

2. Qu'est-ce qu'on met sur le lit?

   a. des draps, une couverture et un oreiller
   b. des draps, une couleur et une oreille
   c. des draps, une coutume et un oreiller

3. Comment appelle-t-on l'objet où on met son oreille?

   a. un oreiller
   b. un orteil
   c. une cuillère

4. Que peut-on trouver dans la salle à manger?

   a. un tapis, une table et une chaise
   b. un buffet, une table et une chaise
   c. une bouteille, une table et une chaise

5. Que peut-on faire dans le salon?

   a. regarder la télévision et écouter de la musique
   b. regarder la télévision et regarder la chaîne stéréo
   c. regarder la télévision et sentir des fleurs

6. Que peut-on faire dans la salle de bains?

   a. prendre une douche
   b. vendre une douche
   c. rendre une douche

7. Quel travail fait-on dans le bureau?

   a. On répond au téléphone et on dort.
   b. On répond au téléphone et on prépare des rapports.
   c. On répond au téléphone et on prépare des crêpes.

8. Où jette-t-on des papiers?

   a. par la fenêtre
   b. dans le lavabo
   c. dans une corbeille à papier

CHAPITRE 7 *Au déjeuner*

EXERCICES DE LABORATOIRE

A. Scénario. Listen carefully to the lunch-time conversation at the Fourchet house. You may not understand every word, but you should be able to follow the story line.

B. A vous maintenant! Listen again to the **Scénario** and repeat during the pauses. Pay special attention to pronunciation and intonation.

C. Prononciation: L'élision. Listen carefully to the following and repeat during the pause.

L'enfant fait du ski.

L'école est à droite.

J'ai le sac.

Je **n'ai** pas **d'argent**.

Je **n'ai** pas le livre.

Est-ce **qu'elle** vient?

S'il vient, nous partons ensemble.

S'ils ont faim, ils vont au restaurant.

D. En Italie. Michel, a French college student, is participating in a summer program in Italy. Halfway through his stay he calls his brother to tell him about his visit. Decide whether each of his statements describes something he has done already (**déjà fait**) or something he is planning to do (**projeté**), and check the appropriate column.

DEJA FAIT	PROJETE	DEJA FAIT	PROJETE
1. ____	____	5. ____	____
2. ____	____	6. ____	____
3. ____	____	7. ____	____
4. ____	____	8. ____	____

E. De la vitamine C. You will hear ten statements about fruits and vegetables. Write the number of each statement under the item to which it refers.

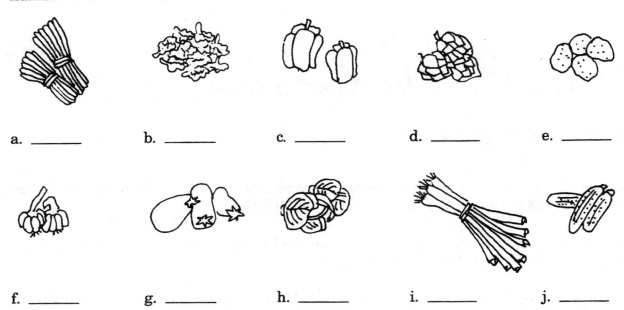

a. _____ b. _____ c. _____ d. _____ e. _____

f. _____ g. _____ h. _____ i. _____ j. _____

F. Au marché. You are sitting on the terrace of a café facing the market. Match each price you hear a vendor or waiter call out with the item to which it refers. Write the prices on the signs and receipts shown. Choose from these: **2€, 2,30€, 2,50€, 3€, 3,40€, 4€, 5€, 6€, 10€, 15€**

G. L'alimentation. You'll hear descriptions of the things that eight people want to buy. Say where they have to go get them. Follow the model.

    a. à la boucherie   e. à la crémerie
    b. à la charcuterie   f. à la poissonnerie
    c. à l'épicerie   g. à la pâtisserie
    d. à la boulangerie

Modèle: **Il va __e__ .**

  1. Elle va _____.   4. Elle va _____.

  2. Elle va _____.   5. Elle va _____.

  3. Il va _____.   6. Il va _____.

H. Allons encore plus loin. You will hear a passage that expands on this chapter's vocabulary and grammar. Listen carefully as the passage is read twice. You may not understand every word, but you should be able to follow the story line. You will then hear a series of questions and possible answers. Based on your understanding of the story, circle the letter of the best answer to each question.

  1. Avec qui les Fourchet vont-ils au restaurant?

      a. Avec Henriette.
      b. Avec Roberte.
      c. Avec Robert.

  2. Pourquoi vont-ils au restaurant?

      a. Parce qu'ils ont le temps.
      b. Parce qu'ils sont fins.
      c. Parce qu'ils ont faim.

  3. Qu'est-ce qu'ils veulent?

      a. Un repas succulent.
      b. Un repas délicieux.
      c. Un repas débile.

  4. Qu'y a-t-il dans le restaurant?

      a. Des sardines.
      b. Des garçons.
      c. Du monde.

  5. Est-ce que le garçon est grand?

      a. Oui.
      b. Non.

6. Que recommande le garçon?

   a. Des sardines.
   b. Des nouilles.
   c. La pizza.

7. Que préfère M. Fourchet?

   a. Les nouilles.
   b. Les sardines.
   c. Les nougats.

8. Que fait M. Fourchet?

   a. Il mange des nouilles.
   b. Il répète plusieurs fois.
   c. Il répète une fois.

9. Pourquoi le garçon ne comprend-il pas?

   a. Il ne fait pas attention.
   b. Il mange des nouilles.
   c. C'est une véritable nouille.

10. Que fait Robert?

   a. Il ne fait rien.
   b. Il dit que le garçon est une nouille.
   c. Il mange des nouilles.

11. Qu'est-ce qu'il reçoit?

   a. Il reçoit un marron.
   b. Il reçoit une marque.
   c. Il reçoit une malle.

12. Que fait Mme Fourchet?

   a. Elle mange des pommes.
   b. Elle tombe dans les pommes.
   c. Elle donne des pommes.

13. Que fait M. Fourchet?

   a. Il ne laisse pas de pourboire.
   b. Il laisse un pourboire.
   c. Il commande des boissons.

CHAPITRE 8 *Robert s'installe*

EXERCICES DE LABORATOIRE

A. Scénario. Listen carefully to the conversations as Robert settles in with the Fourchet family. You may not understand every word, but you should be able to follow the story line.

B. A vous maintenant! Listen again to the **Scénario** and repeat during the pauses. Pay particular attention to pronunciation and intonation.

C. Prononciation: Syllabation. Listen to the discussion of French syllabication and repeat the key words during the pauses.

1. **fa-c**ile   **che-v**al   é-**c**ole   **dî-n**er   **re-p**as

2. lais-ser   **ad-jec**-tif   gou-ver-**ne-**ment   con-**c**lu-sion

3. four-**ch**et-te   **phi**-lo-so-**phe**   ca-**tho**-li-que   ma-**gni**-fique   fai-**ble**
   ap-**pli**-ca-tion   **dra**-peau   com-**pren-dre**   **tra**-vaux

D. Les vêtements, s'il vous plaît! You will hear descriptions of six people's outfits. Write each person's name under his or her picture according to the description that best fits.

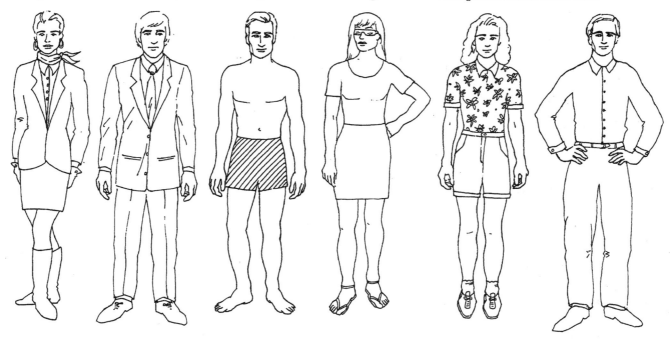

_____ _____ _____ _____ _____ _____

E. La maison d'être. You will hear the story of a man's life, using verbs that take **être** as auxiliary verb in the **passé composé**. Write the number of each sentence by the spot on the drawing where the described action takes place. There is more than one answer for several situations.

(to come back)
[to where one is]

(to go back)
[to return to another place]

F. Allons encore plus loin. You will hear a passage that expands on this chapter's vocabulary and grammar. Listen carefully as the passage is read twice. You may not understand every word, but you should be able to follow the story line. You will then hear a series of questions and possible answers. Based on your understanding of the story, circle the letter of the best answer to each question.

1. Que désire Nicole?

   a. Une robe en soie.
   b. Une robe en coton.
   c. Une robe sur une colonne.

2. De quelle taille?

   a. Du 36.
   b. Du 42.
   c. Du 56.

3. Est-ce qu'il y a un excellent choix?

   a. Oui.
   b. Non.
   c. Peut-être.

4. Nicole veut une robe de quelle couleur?

   a. Verte.
   b. Bleue.
   c. Beige.

5. Est-ce que la vendeuse trouve une robe de cette couleur?

   a. Non.
   b. Oui.
   c. Peut-être.

6. Qu'est-ce que la vendeuse propose?

   a. Une robe de verre.
   b. Une robe verte.
   c. Une robe avec des vers.

7. Et puis?

   a. Des gants en nylon.
   b. Des bottes de laine.
   c. Des bas bleus.

8. Qu'est-ce qui se passe?

   a. Une femme passe derrière la boutique.
   b. Une femme passe devant la banque.
   c. Une femme passe devant la boutique.

9. Que voit la vendeuse?

   a. Que la femme porte une robe de nylon.
   b. Que la femme porte une robe de soie.
   c. Que la femme porte une robe bleue.

10. Que fait la vendeuse?

    a. Elle mange un sandwich.
    b. Elle court hors de la boutique.
    c. Elle fait la cour.

11. Que dit Nicole?

    a. Que la vendeuse est jolie.
    b. Que la vendeuse est trop sérieuse.
    c. Que la vendeuse est bizarre.

CHAPITRE 9 *La mobylette*

EXERCICES DE LABORATOIRE

A. Scénario. Listen carefully to the conversation as Nicole teaches Robert how to ride a moped. You may not understand every word, but you should be able to follow the story line.

B. A vous maintenant! Listen again to the **Scénario** and repeat during the pauses. Pay particular attention to pronunciation and intonation.

C. Prononciation: Liaison. Listen to the discussion of liaison and repeat the key phrases during the pauses.

1. vous‿avez   on‿a   ils‿écoutent   nous‿écoutons
    [z]   [n]   [z]   [z]

    ont‿ils   prend‿il
    [t]   [t]

2. les‿assiettes   six‿étudiants   mon‿enfant   neuf‿heures
    [z]   [z]   [n]   [v]

    huit‿ans   le grand‿hôtel   ces‿autres‿étudiants
    [t]   [t]   [z]   [z]

3. pour‿eux   sans‿un sou   avec‿elle   dans‿une heure
    [r]   [z]   [k]   [z]

    tout‿heureux   en‿hiver   très‿amusant   de temps‿en temps
    [t]   [n]   [z]   [z]

D. Les animaux et leur langage. You will hear the names of eight animals. Write the *number* of each animal on the first line under the appropriate picture. You will then hear eight sounds that French animals make. Write the *letter* corresponding to each sound on the second line under the appropriate picture.

1. _____
   _____

2. _____
   _____

3. _____
   _____

4. _____
   _____

5. _____
   _____

6. _____
   _____

7. _____
   _____

8. _____
   _____

E. Le corps humain. You will hear nine sentences about parts of the body. Write the number of each sentence next to the body part to which it refers.

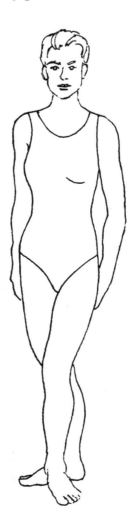

F. Un matin typique. Christine's younger sister has just returned home after spending a week with Christine and her husband Christophe. She is describing their morning routine to her mother, who is asking for specifics. Answer her mother's questions about which items they use for each activity. Choose from the list provided. You will use two of the answers twice. Follow the model on p. 43.

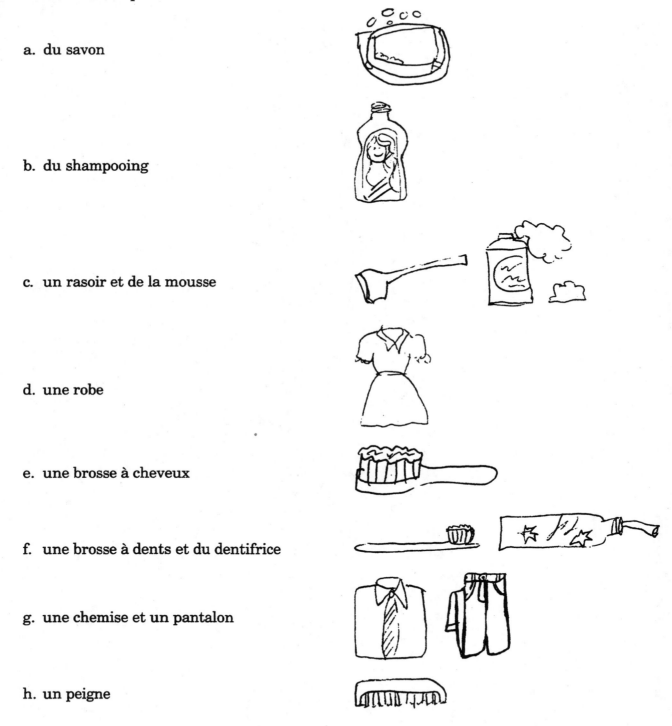

  a. du savon

  b. du shampooing

  c. un rasoir et de la mousse

  d. une robe

  e. une brosse à cheveux

  f. une brosse à dents et du dentifrice

  g. une chemise et un pantalon

  h. un peigne

    i. une voiture de sport

    j. du rouge à lèvres

    k. un réveil

Modèle: D'abord, il se réveille.
        Avec __k__

1. Avec _____.   2. Avec _____.   3. Avec _____.   4. Avec _____.

5. Il met _____.   6. Dans _____.   7. Avec _____.   8. Avec _____.

9. Avec _____.   10. Avec _____.   11. Avec _____.   12. Elle met _____.

G. Y a-t-il un choix? A professor is addressing a group of students during the course of a field trip to the Musée Picasso. Decide in each case whether he's asking a question or giving a command and check the appropriate column.

	QUESTION	COMMAND
1.	_____	_____
2.	_____	_____
3.	_____	_____
4.	_____	_____
5.	_____	_____
6.	_____	_____
7.	_____	_____
8.	_____	_____
9.	_____	_____
10.	_____	_____

H. En retard. When Marie calls Monique to find out why she's late for the party, Monique gives her all the details. Listen to each of Monique's statements and check the appropriate column to tell if she is talking about something she has already done (**passé**), something she is currently doing (**présent**), or something she will do in the future (**futur**).

	PASSE	PRESENT	FUTUR
1.	_____	_____	_____
2.	_____	_____	_____
3.	_____	_____	_____
4.	_____	_____	_____
5.	_____	_____	_____
6.	_____	_____	_____
7.	_____	_____	_____

I. Allons encore plus loin. You will hear a passage that expands on this chapter's vocabulary and grammar. Listen carefully as the passage is read twice. You may not understand every word, but you should be able to follow the story line. You will then hear a series of questions and possible answers. Based on your understanding of the story, circle the letter of the best answer to each question.

1. Quel est le nom de la pièce de Molière?

   a. *Le Malade inventaire.*
   b. *Le Malade imaginé.*
   c. *Le Malade imaginaire.*

2. Quel est le problème d'Argan?

   a. Il devient victime.
   b. Il devient charlatan.
   c. Il devient médecin.

3. Pourquoi dépense-t-il beaucoup d'argent?

   a. Pour ses projets de mariage.
   b. Pour des médicaments.
   c. Pour trouver une femme.

4. Argan veut marier sa fille Angélique avec...

   a. le fils de son médecin.
   b. son médecin qui a un fils.
   c. le malade imaginaire.

5. Le femme d'Argan...

   a. aime le médecin.
   b. est toujours malade.
   c. aime l'argent.

6. Avec qui se marie Angélique?

    a. Avec le médecin qu'elle n'aime pas.
    b. Avec le fils du médecin qu'elle aime.
    c. Avec Cléante qu'elle aime.

7. A la fin, que fait Argan?

    a. Il devient médecin.
    b. Il convainc son frère de devenir médecin.
    c. Il voit que sa femme l'aime.

CHAPITRE 10 *Devant la cathédrale*

EXERCICES DE LABORATOIRE

A. Scénario. Listen carefully to the conversation as Nicole and Robert visit **la cathédrale Saint-Etienne**. You may not understand every word, but you should be able to follow the story line.

B. A vous maintenant! Listen again to the **Scénario** and repeat during the pauses. Pay particular attention to pronunciation and intonation.

C. Prononciation: Liaison. Listen to the discussion of liaison and repeat the key phrases during the pauses.

1. et//ils ont
   ils sont forts et//intelligents
   cent//un
   mais//oui, je suis là
   le//onze avril

2. le//haut de la tour
   le//héros de la tragédie
   les//héros
   le//huit mai
   les//hors-d'œuvre
   en//Hongrie

3. l'avion//arrive
   l'hôtesse//apporte
   Robert//écoute
   l'étudiant//américain

4. Quand//est-il...?
   Comment//as-tu...?
   Combien//a-t-il...?
   Except: "Comment‿allez-vouz?"

D. Les vacances internationales. You will hear about the vacations that different people are planning to take. You will hear the name of the city and the name of a tourist attraction that they will see. Draw a line to match the travelers with their destination. You will hear each cue twice. Follow the model.

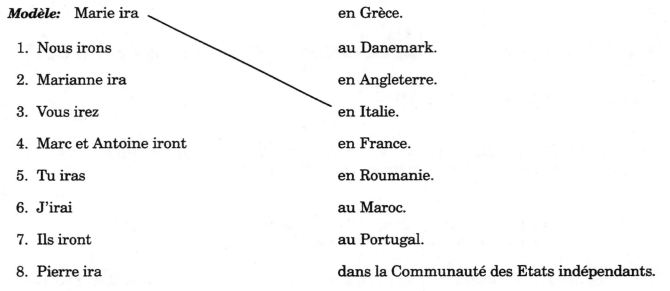

Modèle: Marie ira   en Grèce.

1. Nous irons   au Danemark.

2. Marianne ira   en Angleterre.

3. Vous irez   en Italie.

4. Marc et Antoine iront   en France.

5. Tu iras   en Roumanie.

6. J'irai   au Maroc.

7. Ils iront   au Portugal.

8. Pierre ira   dans la Communauté des Etats indépendants.

Now read the complete sentences that result from matching the columns during the pauses provided.

Modèle: **Marie ira en Italie.**

E. Les rendez-vous à 2 heures. Several people are waiting for their friends in different locations around town. Listen to the speaker tell where each person is waiting and since when. Fill in the watches with the time each person arrived.

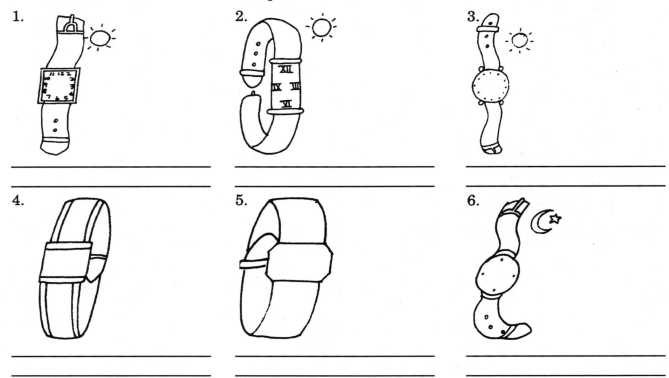

Now listen to the speaker repeat the times, check the watches, and make sure that you filled in the time correctly. It is now two o'clock. Since all of these people had an appointment for two o'clock, say how long each person has been waiting. The first one will be done as a model.

F. Allons encore plus loin. You will hear a passage that expands on the chapter's vocabulary and grammar. Listen carefully as the passage is read twice. You may not understand every word, but you should be able to follow the story line. You will then hear a series of questions and possible answers. Based on your understanding of the story, circle the letter of the best answer to each question.

1. Qui a écrit l'histoire de Quasimodo?

   a. Victor Hughes.
   b. Victor Hugo.
   c. Victor Shugrue.

2. L'action se passe où?

   a. Dans Notre-Dame de Paris.
   b. Dans Notre-Dame de Rockne.
   c. Dans Notre-Dame de Patrie.

3. Voici une description de Quasimodo:

   a. Beau et pas trop bossu.
   b. Bossu et pas trop beau.
   c. Bossu et pas trop bizarre.

4. Dans la cathédrale, Quasimodo...

   a. sonne la sonnerie.
   b. sonne les cloches.
   c. donne les cloches.

5. Voici une description d'Esmeralda:

   a. Une jolie jeune femme de six ans.
   b. Une jolie jeune femme de soixante ans.
   c. Une jolie jeune femme de seize ans.

6. Voici une description de Claude Frollo:

   a. Il est mauvais et il aime Quasimodo.
   b. Il est gentil et il aime Esmeralda.
   c. Il est mauvais et il aime Esmeralda.

7. Voici une description de Phébus:

   a. Il est beau et il libère Quasimodo.
   b. Il est beau et il libère Esmeralda.
   c. Il est beau et il aime Frollo.

8. Que fait Frollo?

   a. Il tue Esmeralda et fait arrêter Quasimodo.
   b. Il tue Phébus et fait arrêter Esmeralda.
   c. Il tue Phébus et laisse arrêter Esmeralda.

9. Que fait Quasimodo?

  a. Il jette Frollo de la cathédrale.
  b. Il jette Frollo de la fenêtre.
  c. Il jette Frollo dans une corbeille.

10. Que fait Quasimodo?

  a. Il va mourir sur le corps d'Esmeralda.
  b. Il va mourir sur le corps de Frollo.
  c. Il va mourir sur le corps de Phébus.

CHAPITRE 11 *Un accident*

EXERCICES DE LABORATOIRE

A. Scénario. Listen carefully to the conversations surrounding an accident. You may not understand every word, but you should be able to follow the story line.

B. A vous maintenant! Listen again to the **Scénario** and repeat during the pauses. Pay particular attention to pronunciation and intonation.

C. Prononciation: Review of all sixteen vowel sounds. Listen carefully and note the vowel combinations. Repeat as directed during the pauses.

Orals
1. [a] table, la, avocat, gare, article, art, chat, cheval; **moi, toi, loi, fois,** boîte; fe(m)me
2. [ɑ] pas, passer, classe, tasse; pâté, âge; trois, bois
3. [e] thé, école, métier, été; dîner, nez, pied, clef; j'ai
4. [ɛ] père, mère, frère; tête, fête, fenêtre, même, lait; je savais; terre, verre, neige
5. [i] si, rire, ici, il finit, lit, six, vie
6. [o] pot, dos, trop, le nôtre, eau, beau, chapeau, veau, chaud
7. [ɔ] robe, notre, homme, comme, joli, pomme, Paul, album
8. [u] vous, cou, toujours, écouter, nous, tout, bout, où, ou, août

Nasals
1. [œ̃] un, lundi, brun, chacun
2. [õ] [ɔ̃] on, bon, bonté, non, nom, oncle, compter
3. [ɛ̃] vin, vingt, impossible; pain, main, faim; il peint
4. [ɑ̃] blanc, an, lampe, lent, Jean, anglais, dent, temps, sans, chambre

Compound vowels
1. [ə] je, me, te, se, ce, de, venir, demain, demander
2. [y] tu, sur, rue, vu, statue, vendu
3. [ø] feu, peu, œufs, vieux, bleu, nombreux, deux
4. [œ] cœur, peur, sœur, œuf, fleur

D. Assez ou pas assez? Look at the pictures and notice how much each item costs. You will hear what eight people want to buy and how much money each one has. Decide whether or not each person has enough money and check the appropriate column. Follow the models.

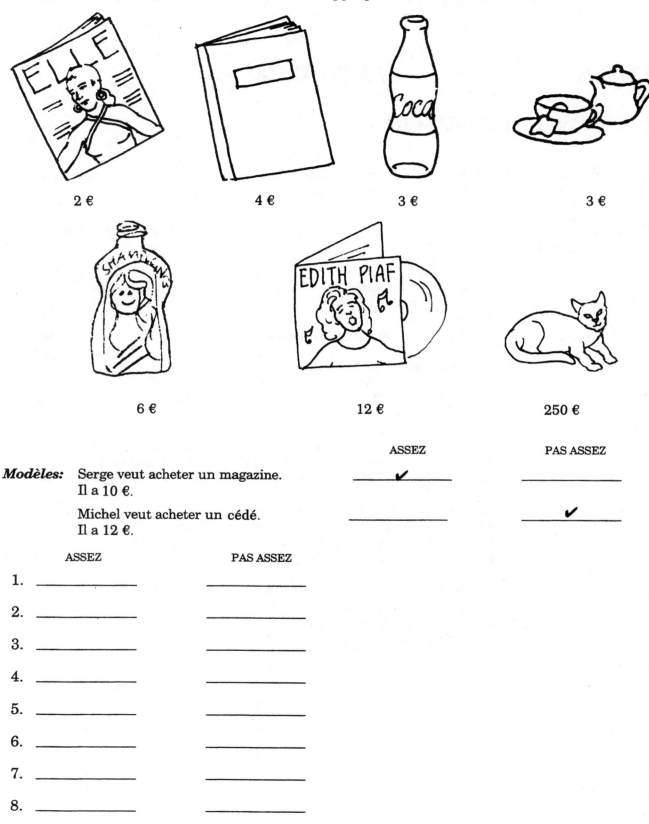

	2 €		4 €		3 €		3 €

	6 €		12 €		250 €

	ASSEZ	PAS ASSEZ
Modèles: Serge veut acheter un magazine. Il a 10 €.	✔	
Michel veut acheter un cédé. Il a 12 €.		✔

	ASSEZ	PAS ASSEZ
1.	_____	_____
2.	_____	_____
3.	_____	_____
4.	_____	_____
5.	_____	_____
6.	_____	_____
7.	_____	_____
8.	_____	_____

E. Faire des achats. Anne made a list before she went shopping with her friend Michèle, but she ended up buying more than she had intended. Listen to each statement and compare Anne's list to her receipt. Then check **vrai** if the statement is true or **faux** if it is false.

A acheter

2 pulls
10 stylos
5 cédés
1 livre
10 robes

La liste d'Anne

LE PRINTEMPS	
4 pulls	320€
12 robes	1200€
1 livre	20€
5 cédés	100€
4 stylos	12€
	1652€

Le reçu d'Anne

	VRAI	FAUX		VRAI	FAUX
1.	_____	_____	4.	_____	_____
2.	_____	_____	5.	_____	_____
3.	_____	_____			

Now compare Anne's receipt with Michèle's and decide if the following statements are true **(vrai)** or false **(faux)**.

LE PRINTEMPS	
4 pulls	320€
12 robes	1200€
1 livre	20€
5 cédés	100€
3 stylos	12€
	1652€

Le reçu d'Anne

LE PRINTEMPS	
2 pulls	160€
3 robes	300€
8 livres	160€
10 cédés	200€
15 stylos	60€
	880€

Le reçu de Michèle

	VRAI	FAUX		VRAI	FAUX
6.	_____	_____	9.	_____	_____
7.	_____	_____	10.	_____	_____
8.	_____	_____			

F. Un petit poème. Repeat this poem to help you remember most of the adjectives that precede the noun. (The opposites of these adjectives also precede the noun.)

petit   grand   gros
vilain   joli   beau
autre   long
mauvais bon
jeune   vieux   nouveau

G. Soyez logique! You will hear descriptions of ten persons' likes and dislikes. Using that information, decide which type of item or animal each is buying. Then circle the adjective that most logically completes each sentence and cross out the one that does not work. Follow the model.

Modèle: Il aime les voitures très bon marché.
   Il achète une (vieille) voiture (chère).

1. Nous achetons de (grosses / petites) pommes de terre.

2. Elle achète du (bon) chocolat (ordinaire).

3. Vous achetez une (grande / jolie) maison.

4. J'achète un (jeune) champagne (délicieux).

5. Tu achètes un (gros / petit) chien.

6. Nous achetons un (gros / petit) chien.

7. Vous achetez un chat (tranquille / agité).

8. Il achète un (vilain / beau) chat.

9. Vous achetez de (laides / belles) fleurs.

10. Tu achètes un fromage (français / américain).

H. Allons encore plus loin. You will hear a passage that expands on this chapter's vocabulary and grammar. Listen carefully as the passage is read twice. You may not understand every word, but you should be able to follow the story line. You will then hear a series of questions and possible answers. Based on your understanding of the story, circle the letter of the best answer to each question. Read over all the questions and answers below to become familiar with the names and material before listening to the audio recordings.

1. Qu'est-ce que c'est que *Les Misérables?*

   a. *Les Misérables* habitent l'Italie.
   b. *Les Misérables* sont grands.
   c. *Les Misérables* est un long roman.

2. Qu'est-ce qu'il a, Jean Valjean?

   a. Jean Valjean connaît plusieurs demoiselles.
   b. Jean Valjean a des aventures.
   c. Jean Valjean manque le train.

3. Que fait l'inspecteur Javert?

   a. L'inspecteur Javert le poursuit.
   b. L'inspecteur Javert est pour sa suite.
   c. L'inspecteur Javert est triste.

4. Qui Jean Valjean prend-il avec lui?

   a. Valjean prend Cosette avec lui.
   b. Valjean prend une femme malheureuse avec lui.
   c. Valjean prend un cheval avec lui.

5. Qui est Cosette?

   a. On entend de la musique sur une Cosette.
   b. Cosette est l'enfant d'une femme malheureuse.
   c. Cosette est la fille de Javert.

6. Qu'est-ce qu'ils font dans le couvent?

   a. Valjean devient prêtre.
   b. Cosette devient nonne.
   c. Ils trouvent asile dans un couvent.

7. Que font Cosette et Marius?

   a. Cosette est plus âgée que Marius.
   b. Cosette et Marius tombent amoureux de Valjean.
   c. Cosette et Marius tombent amoureux l'un de l'autre.

8. Quelle est l'histoire du billet?

   a. Valjean trouve un billet pour le train.
   b. Un billet est un ticket.
   c. Valjean trouve un billet.

9. Qu'est-ce que Valjean fait à la guerre?

   a. Valjean fait la guerre à Paris.
   b. Valjean sauve Marius qui est blessé.
   c. Valjean aime Paris.

10. Que fait Marius?

   a. Marius blesse Valjean.
   b. Marius est blessé.
   c. Marius guérit Cosette.

11. Que font Marius et Cosette quand Marius est guéri?

   a. Marius et Cosette se marient.
   b. Marius et Cosette s'enfuient.
   c. Marius et Cosette se nourrissent.

12. Pourquoi Valjean meurt-il?

   a. Valjean meurt parce qu'il est malade.
   b. Valjean meurt parce qu'il est blessé.
   c. Valjean meurt parce que Cosette n'est plus avec lui.

CHAPITRE 12 *En famille*

EXERCICES DE LABORATOIRE

A. Scénario. Listen carefully to the discussion as Robert and the Fourchet family await dinner. You may not understand every word, but you should be able to follow the story line.

B. A vous maintenant! Listen again to the **Scénario** and repeat during the pauses. Pay particular attention to pronunciation and intonation.

C. On fait ça avec quoi? You will hear descriptions of how six items are used. Write the letter of the item you would use for each activity.

a. un magnétoscope   e. un baladeur
b. un magnétophone   f. un lecteur laser
c. un caméscope   g. une caméra
d. un appareil-photo

1. ____   2. ____   3. ____   4. ____   5. ____   6. ____

D. Comment sont-ils? You will hear descriptions of eight people. For each description, change the adjective that you hear in the first sentence into an adverb that will appropriately complete the second sentence. Say your answer during the pause. You will then hear the correct answer. Follow the model.

Modèle: Marc est libre. Il parle...
          Il parle librement.

1. Elle marche...

2. Il travaille...

3. Elle raconte son histoire...

4. Il court...

5. Elle décide...

6. Nous vivons...

7. Elle attend...

8. Il sourit...

E. Allons encore plus loin. You will hear a passage that expands on this chapter's vocabulary and grammar. Listen carefully as the passage is read twice. You may not understand every word, but you should be able to follow the story line. You will then hear a series of questions and possible answers. Based on your understanding of the story, circle the letter of the best answer to each question.

1. La vie en Provence est...

    a. très calme.
    b. très palme.
    c. très normale.

2. Les enfants jouent...

    a. aux boules.
    b. au football.
    c. au babyfoot.

3. Qu'est-ce qui se passe le matin?

    a. Les femmes vont à la messe.
    b. Les femmes vont à la presse.
    c. Les femmes vont à la crèche.

4. Que font les hommes?

    a. Ils prennent l'apéritif.
    b. Ils prennent de l'aspirine.
    c. Ils prennent l'article.

5. Que font-ils après?

    a. Ils jouent aux pétards.
    b. Ils jouent à la pétanque.
    c. Ils jouent à la banque.

6. Que font les gens durant le jeu?

    a. Tout le monde fume des cigares.
    b. Tout le monde donne un oignon.
    c. Tout le monde donne son opinion.

7. Où joue-t-on à la pétanque d'habitude?

    a. Sous les arbres du centre du village.
    b. Sous les arbres de la place du village.
    c. Sur les arbres de la place du village.

8. Qu'est-ce qu'on sert tout de suite après les hors-d'œuvre?

    a. Le gigot conventionnel.
    b. Le gigot traditionnel.
    c. Le gigot banal.

9. Qu'est-ce qu'on fait le dimanche après-midi?

    a. On allume des cigarettes.
    b. On va au match.
    c. On joue au catch.

10. Qu'est-ce qu'on fait vers cinq heures?

    a. On va aux arènes pour voir les bureaux.
    b. On va aux arènes pour voir les carreaux.
    c. On va aux arènes pour voir les taureaux.

11. Comment finit-on la journée?

    a. Par un bal à la fraîcheur.
    b. Par un bal à la française.
    c. Par un bal à la framboise.

CHAPITRE 13 *Une lettre: choses à écrire*

EXERCICES DE LABORATOIRE

A. Scénario. Listen carefully as Nicole and Madame Fourchet give Robert some advice on letter writing. You may not understand every word, but you should be able to follow the story line.

B. A vous maintenant! Listen again to the **Scénario** and repeat during the pauses. Pay particular attention to pronunciation and intonation.

C. La voiture. You will hear a series of sentences about parts of a car. Write the number of each sentence next to the car part to which it refers.

D. Passé composé ou imparfait? Listen as Patrick describes a recent shopping trip, paying particular attention to the verb tenses. If a sentence describes an ongoing or incompleted action, check **imparfait**; if it expresses a completed action, check **passé composé**.

PASSE COMPOSE	IMPARFAIT		PASSE COMPOSE	IMPARFAIT
1. _____	_____	6. _____	_____
2. _____	_____	7. _____	_____
3. _____	_____	8. _____	_____
4. _____	_____	9. _____	_____
5. _____	_____		

E. Interruptions. You will hear a series of sentences that describe what was going on when something else happened. For each sentence, circle the infinitive of the verb that expresses the action that was interrupted.

1. regarder   rentrer
2. chanter   sonner
3. voir   faire

4. dormir   sortir
5. appeler   se raser
6. arriver   préparer

F. Les comparaisons. Study the table to see what Nathalie, Marguerite, and Joseph did during the month-long winter break and note how many times each person did each thing. You will then hear six questions about their activities. Circle the best answer to each question.

Combien de fois avez-vous fait les activités suivantes pendant le mois de vacances?

	NATHALIE	MARGUERITE	JOSEPH
Ecrire des lettres	1 fois	2 fois	0 fois
Rendre visite à des amis	5 fois	5 fois	10 fois
Téléphoner à des parents (*relatives*)	3 fois	2 fois	1 fois
Aller au cinéma	4 fois	3 fois	10 fois
Recevoir des amendes (*speeding tickets*)	1 fois	0 fois	2 fois

1. Nathalie   Marguerite   Joseph

2. Nathalie   Marguerite   Joseph

3. Nathalie   Marguerite   Joseph

4. Nathalie   Marguerite   Joseph

5. Nathalie   Marguerite   Joseph

6. Nathalie   Marguerite   Joseph

G. Allons encore plus loin. You will hear a passage that expands on this chapter's vocabulary and grammar. Listen carefully as the passage is read twice. You may not understand every word, but you should be able to follow the story line. You will then hear a series of questions and possible answers. Based on your understanding of the story, circle the letter of the best answer to each question.

1. En quoi est-ce que le dix-huitième siècle a été riche?

   a. En laitue.
   b. En lettres.
   c. En littérature.

2. Quelle sorte de roman peut-on citer parmi les œuvres importantes?

   a. Les œuvres importantes parlent de pastrami.
   b. Les œuvres importantes parlent de romains.
   c. Les œuvres importantes sont des romans épistolaires.

3. De quoi est fait le roman épistolaire?

   a. Un roman épistolaire traite de pistoles.
   b. Un roman épistolaire est fait de lettres.
   c. Un roman épistolaire est fait de laitue.

4. Par quoi sont séparés les quatre romans?

   a. Les quatre romans sont séparés par des vallées.
   b. Les quatre romans sont séparés par du vin.
   c. Les quatre romans sont séparés par des périodes de vingt ans.

5. Qu'est-ce que Montesquieu a écrit?

   a. Montesquieu a écrit *Les Lettres parisiennes*.
   b. Montesquieu a écrit *Les Lettres imparfaites*.
   c. Montesquieu a écrit *Les Lettres persanes*.

6. Qu'est-ce que c'est que *Pamela?*

   a. *Pamela* est le nom de l'auteur anglais.
   b. *Pamela* est le nom du roman.
   c. *Pamela* est une femme bizarre.

7. Quand est-ce que Rousseau a écrit *La Nouvelle Héloïse?*

   a. Rousseau a écrit *La Nouvelle Héloïse* en 1761.
   b. Rousseau a écrit *La Nouvelle Héloïse* en 1641.
   c. Rousseau a écrit *La Nouvelle Héloïse* en 1731.

8. Qui a écrit *Les Liaisons dangereuses?*

   a. Glenn Close a écrit *Les Liaisons dangereuses*.
   b. Laclos a écrit *Les Liaisons dangereuses*.
   c. Laclos a écrit *Les Liaisons ténébreuses*.

CHAPITRE 14 *A l'hôtel*

EXERCICES DE LABORATOIRE

A. Scénario. Listen to the following conversations as Henry, Robert, Nicole, and Marguerite leave the theater and check into their hotel. You may not understand every word, but you should be able to follow the story line.

B. A vous maintenant! Listen again to the **Scénario,** and repeat during the pauses. Pay particular attention to pronunciation and intonation.

C. On cherche un hôtel. Look over the descriptions of the three hotels. You will hear ten statements describing what people are looking for in a hotel. Listen carefully to each statement; then determine which hotels meet that requirement and check the appropriate columns. (In some cases, there may be only one hotel that meets the requirement; in others, there will be more than one.)

🏰	Grand luxe	✗ ✗ ✗ ✗ ✗	
🏠	De bon confort	✗ ✗	
🏠	Assez confortable	✗	

☕	Petit déjeuner
✿ ✿ ✿	La table vaut le voyage
🐾	Situation tranquille

🚿	Douche
🛗	Ascenseur
🚭	Non fumeur
☎	Téléphone dans la chambre
♿	Accessible aux handicapés physiques
Ⓟ 🚗	Parking–Garage
🐕	Accès interdit aux chiens

🏠 **Palace,** ✗ ✗ ☕ 🚿 Ⓟ 🚗 🐕 🛗 ☎

🏠 **La Villa,** ✗ ☕ 🐾 🚿 🚭 ☎

🏰 **St-Etienne,** ✗ ✗ ✗ ✗ ✗ 🛗 🚭 ☎ ♿ Ⓟ 🚗 🚿 ✿ ✿ ✿

	PALACE	LA VILLA	ST-ETIENNE
1.	_____	_____	_____
2.	_____	_____	_____
3.	_____	_____	_____
4.	_____	_____	_____
5.	_____	_____	_____
6.	_____	_____	_____
7.	_____	_____	_____
8.	_____	_____	_____
9.	_____	_____	_____
10.	_____	_____	_____

D. Allons encore plus loin. You will hear a passage that expands on this chapter's vocabulary and grammar. Listen carefully as the passage is read twice. You may not understand every word, but you should be able to follow the story line. You will hear then a series of questions and possible answers. Based on your understanding of the story, circle the letter of the best answer to each question.

Le salon

1. Où se réunissaient les gens de lettres et les philosophes?

   a. Dans une salle à manger.
   b. Dans un salon.
   c. Dans un garage.

2. Qu'est-ce qu'ils y faisaient?

   a. Ils discutaient d'argent.
   b. Ils discutaient et échangeaient des romans.
   c. Ils discutaient des dernières nouvelles.

3. Qui se trouvait parmi eux?

   a. Un grand penseur et écrivain.
   b. Un grand pianiste et écrivassier.
   c. Un grand premier et étranger.

4. Comment s'appelait-il?

   a. Montesquieu.
   b. Montesqueue.
   c. Montesque.

5. Qu'est-ce qu'il faisait?

   a. Il faisait des obstructions sur ce qu'il voyait.
   b. Il faisait des obsessions sur ce qu'il voyait.
   c. Il faisait des observations sur ce qu'il voyait.

6. Qu'est-ce que c'est qu'un salon?

   a. C'est un endroit où se réunissaient les trompés, les trompeurs et les trompettes.
   b. C'est un endroit où se réunissaient les touristes, les trompeurs et les trompettes.
   c. C'est un endroit où se réunissaient les trompés, les trompeurs et les cacahuètes.

7. Un trompé...

   a. joue de la trompette.
   b. est quelqu'un qu'on a trompé.
   c. circule des rumeurs.

8. Un trompeur...

   a. trompe les gens.
   b. trompe les troupeaux.
   c. triche aux cartes.

CHAPITRE 15 *Une coïncidence*

EXERCICES DE LABORATOIRE

A. Scénario. Listen to the surprise that occurs when the students set out to see the monuments of Paris. You may not understand every word, but you should be able to follow the story line.

B. A vous maintenant! Listen again to the **Scénario** and repeat during the pauses. Pay particular attention to pronunciation and intonation.

C. La journée de Jean-Paul. Jean-Paul is telling what he did today, but he isn't being very specific. What would you say to get more information? Listen to each of Jean-Paul's statements. Then select the form of **lequel** you would use to respond. Circle the letter of the appropriate response.

1. a. Lequel?
   b. Laquelle?
   c. Lesquelles?

2. a. Lesquels?
   b. Desquels?
   c. A laquelle?

3. a. Lequel?
   b. Auquel?
   c. De laquelle?

4. a. A laquelle?
   b. Auquel?
   c. Auxquelles?

5. a. Lequel?
   b. Auquel?
   c. Duquel?

6. a. Auquel?
   b. Lequel?
   c. Laquelle?

7. a. Lequel?
   b. Laquelle?
   c. Duquel?

8. a. Desquels?
   b. Lequel?
   c. Lesquels?

D. La cuisine des Martin. Monsieur Martin is cleaning the kitchen and taking an inventory of things. Listen as he tells Madame Martin how many of each kitchen item they have. Then circle the letter of the expression that best corresponds to the number he has given.

1. a. Les Martin ont une trentaine de couteaux.
   b. Les Martin ont une quarantaine de couteaux.

2. a. Ils ont environ cinquante serviettes.
   b. Ils ont à peu près soixante serviettes.

3. a. Ils ont une dizaine de casseroles.
   b. Ils ont une douzaine de casseroles.

4. a. Il y a une douzaine de tasses.
   b. Il y a une vingtaine de tasses.

5. a. Ils ont une trentaine d'assiettes.
   b. Ils ont à peu près quarante assiettes.

6. a. Il y a une dizaine de nappes.
   b. Il y a une douzaine de nappes.

E. Non, non, non! Alice is asking her cousin Thomas lots of questions. Because Thomas thinks Alice is a pest, he isn't being very polite with her and answers every question negatively. Listen to each of Alice's questions and circle the letter of the more logical response.

1. a. Non, je n'ai vu personne.
   b. Non, je ne regarde jamais la télé.

2. a. Oui, ce soir je n'ai mangé aucun légume.
   b. Oui, ce soir je n'ai mangé que des légumes et du poulet.

3. a. C'est vrai. Je n'aime ni pommes ni poires.
   b. Non, je n'aime pas les fruits.

4. a. Rien.
   b. Personne.

5. a. Non, je n'ai que cent francs.
   b. Non, je n'ai plus d'argent.

F. Allons encore plus loin. You will hear a passage that expands on this chapter's vocabulary and grammar. Listen carefully as the passage is read twice. You may not understand every word, but you should be able to follow the story line. You will then hear a series of questions and possible answers. Based on your understanding of the story, circle the letter of the best answer to each question.

Eugène Ionesco

1. Qu'est-ce que c'est que *Rhinocéros?*

   a. Un animal qu'on trouve en Afrique.
   b. Un animal qui est énorme.
   c. Le nom d'une pièce de Ionesco.

2. Qu'est-ce que l'auteur condamne dans la pièce?

    a. Il condamne le compliment.
    b. Il condamne le conformisme.
    c. Il condamne la contemplation.

3. Qu'est-ce qui se passe un dimanche matin?

    a. Deux amis sont endormis à la terrasse d'un café.
    b. Deux amis sont assis à la terrasse d'un café.
    c. Deux amis sont assez.

4. Qu'est-ce qui se passe peu après?

    a. Un rhinocéros court dans la rue.
    b. Un rhinocéros bouge dans la rue.
    c. Un rhinocéros boude dans la rue.

5. Qui devient rhinocéros?

    a. Bérenger.
    b. Tous les gens sauf Bérenger.
    c. Eugène Ionesco.

6. Pourquoi Bérenger résiste-t-il à l'idée de devenir rhinocéros?

    a. Parce qu'il peut supporter l'idée de devenir comme les autres.
    b. Parce qu'il voudrait devenir rhinocéros.
    c. Parce qu'il ne peut pas supporter l'idée de devenir comme les autres.

CHAPITRE 16 *Métiers!*

EXERCICES DE LABORATOIRE

A. Scénario. Listen as Robert, Nicole, and Monsieur Fourchet discuss careers. You may not understand every word, but you should be able to follow the story line.

B. A vous maintenant! Listen again to the **Scénario** and repeat during the pauses. Pay particular attention to pronunciation and intonation.

C. Spécialisations. You will hear nine statements describing different students' interests and fields of study. Write the number of each statement under the appropriate picture.

D. Les études de Dominique. Dominique's friends are speculating about his studies and work habits. Some of the statements tell what the speakers think Dominique *will do,* and some tell what Dominique *would do* under certain conditions. Indicate whether each statement tells what Dominique will do (**futur**) or what he would do (**conditionnel**), using a check mark under the appropriate column.

FUTUR   CONDITIONNEL

1. _____   _____

2. _____   _____

3. _____   _____

4. _____   _____

5. _____   _____

6. _____   _____

7. _____   _____

8. _____   _____

E. Madame Martin. Madame Martin is very proud of her grandchildren. Listen as she tells what each of them does for a living. Match each description with the appropriate picture.

F. Allons encore plus loin. You will hear a passage that expands on this chapter's vocabulary and grammar. Listen carefully as the passage is read twice. You may not understand every word, but you should be able to follow the story line. You will then hear a series of questions and possible answers. Based on your understanding of the story, circle the letter of the best answer to each question.

Maurice Maeterlinck

1. Où Maeterlinck est-il né?

   a. En Bretagne.
   b. Au Brésil.
   c. En Belgique.

2. Qu'est-ce qu'il a écrit?

   a. Des essais et des pièces de théâtre.
   b. Des essais et des pièces de thèses.
   c. Des essais et des pièces de théâtre.

3. Qu'est-ce qu'il a gagné en 1911?

   a. Le prix de noblesse.
   b. Le prix Nobel.
   c. Le prix Noble.

4. Quelle sorte de pièce est *Pelléas et Mélisande?*

   a. C'est une pièce symboliste.
   b. C'est une pièce sympathique.
   c. C'est une pièce simpliste.

5. Qu'est-ce que Debussy a fait de cette pièce?

   a. Un opérateur.
   b. Un opéra.
   c. Une optique.

6. Que fait le monde invisible?

   a. Il essaie de communiquer avec le monde visible.
   b. Il essaie de communiquer visiblement.
   c. Il essaie de communiquer avec les communistes.

7. Pourquoi le monde invisible essaie-t-il de communiquer?

   a. Pour envoyer un télégramme à ses amis.
   b. Pour nous prévenir de toutes sortes de dangers.
   c. Pour nous prévenir de toutes sortes de danses.

8. Pourquoi ne sommes-nous pas capables d'interpréter les messages du monde invisible?

   a. Parce que nous sommes trop simples.
   b. Parce que nous ne sommes pas sérieux.
   c. Parce que nous ne sommes pas suffisamment simples.

9. Les enfants, que font-ils?

   a. Les enfants parviennent à découvrir le centre de la ville.
   b. Les enfants parviennent à découvrir le sens du symbole.
   c. Les enfants parviennent à découvrir la porte de la maison.

10. Quel problème les enfants ont-ils?

   a. Ils sont trop jeunes pour apprendre le français.
   b. Ils sont très timides pour expliquer leurs leçons.
   c. Ils ne peuvent pas expliquer la signification des messages.

CHAPITRE 17   *Devant le gymnase*

EXERCICES DE LABORATOIRE

A. Scénario. Listen to the conversations as Henry and his friends gather at a café. You may not understand every word, but you should be able to follow the story line.

B. A vous maintenant! Listen again to the **Scénario** and repeat during the pauses. Pay particular attention to pronunciation and intonation.

C. Des jeux. Several students are discussing what to do during a break from classes. Write the number of each statement under the picture that corresponds to what the person wants to do.

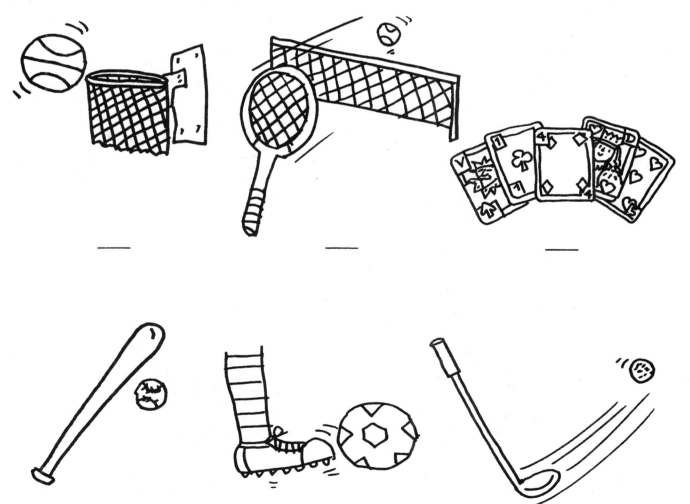

D. Des musiciens. Let's test your knowledge of famous musicians. Listen to the following clues and write the number of each sentence under the picture of the instrument it best describes.

a. _____

b. _____

c. _____

d. _____

e. _____

f. _____

g. _____

E. Le week-end. Monsieur and Madame Etienne are going away for a long weekend and are sending their teenage children, Marianne and Pierre, to spend the time with their grandparents. When the Etiennes give the children instructions, the children respond that of course they would do everything they are told to do. Listen to each statement by Monsieur and Madame Etienne. Then complete the corresponding response of the children, using a phrase that includes an infinitive.

Modèle: —Il faut que vous mangiez beaucoup de légumes.
   —Oui, il faut **manger beaucoup de légumes.**

1. Oui, nous comprenons. Il nous faut _____ ce week-end.

2. Nous n'allons pas _____.

3. Oui, il est nécessaire de _____ pour y aller.

4. Oui, je sais. Il faut _____.

5. Oh, je compte _____.

6. Je n'aurai pas le temps de _____.

7. Nous aimons toujours _____ avec grand-papa.

8. Je suis sûre que nous allons _____.

9. Ne vous inquiétez pas! Nous allons _____.

F. Allons encore plus loin. You will hear a passage that expands on this chapter's vocabulary and grammar. Listen carefully as the passage is read twice. You may not understand every word, but you should be able to follow the story line. You will hear a series of questions and possible answers. Based on your understanding of the story, circle the letter of the best answer to each question.

Sarah Bernhart

1. En quelle année et où Sarah Bernhart est-elle née?

   a. Elle est née en 1844 à Bruxelles.
   b. Elle est née en 1844 à Brooklyn.
   c. Elle est née en 1844 à Paris.

2. Quelle a été sa vie?

   a. Un drame extraordinaire.
   b. Un drame ordinaire.
   c. Un drame moderne.

3. Qu'est-ce qu'elle avait?

   a. Une mémoire prodigieuse.
   b. Une mémoire prolifique.
   c. Une mémoire professionnelle.

4. Ses autres caractéristiques lui permettaient...

    a. de peindre, de sculpter, d'écrire, d'enseigner.
    b. de peindre, de sculpter, d'écrire, de renseigner.
    c. de peindre, de sculpter, de crier, d'enseigner.

5. De quoi était-elle douée?

    a. D'un vaste sens de l'humour.
    b. D'un vaste sens de l'humain.
    c. D'un vaste sens de l'amour.

6. Qui parle d'elle dans un roman?

    a. Marcel Broust.
    b. Marcel Caillou.
    c. Marcel Proust.

7. Dans quel rôle la décrit-il?

    a. Dans le rôle de Berma.
    b. Dans le rôle de Thelma.
    c. Dans le rôle de Phèdre.

8. Qu'est-ce qu'on a dû lui couper?

    a. Sa jambe gauche.
    b. Son bras droit.
    c. Sa jambe droite.

9. Comment la considère-t-on?

    a. L'actrice la plus compliquée de l'époque moderne.
    b. L'actrice la plus brillante de l'époque moderne.
    c. L'actrice la plus riche de l'époque moderne.

CHAPITRE 18 *Au cinéma*

EXERCICES DE LABORATOIRE

A. Scénario. Listen to the conversation as the students discuss what kinds of movies they like. You may not understand every word, but you should be able to follow the story line.

B. A vous maintenant! Listen again to the **scénario,** and repeat during the pauses. Pay particular attention to pronunciation and intonation.

C. On peut voir... A group of friends is discussing what to do this weekend. Write the letter of each suggestion under the appropriate picture. Two pictures will not be used.

1. _____

2. _____

3. _____

4. _____

5. _____

6. _____

7. _____   8. _____   9. _____

D. Pauvre Jean-Claude. Jean-Claude overslept this morning and was in a hurry to get to work. Listen to the description of his morning and complete each sentence based on what you hear.

1. Jean-Claude a dormi trop tard ce matin. _____ pressé, il n'a pas pris de petit déjeuner.

2. Il a bu du café _____.

3. Il a jeté un coup d'œil sur le journal _____.

4. _____ beaucoup à faire, il voulait partir de bonne heure.

5. _____ son manteau, il est sorti de la maison.

6. Malheureusement, _____ de la maison, il est tombé.

7. Pauvre Jean-Claude! _____ au bureau, il a reçu une contravention.

E. Allons encore plus loin. You will hear a passage that expands on this chapter's vocabulary and grammar. Listen carefully as the passage is read twice. You may not understand every word, but you should be able to follow the story line. You will hear a series of questions and possible answers. Based on your understanding of the story, circle the letter of the best answer to each question.

James Bond

1. Quel est le métier de James Bond?

   a. Agent de police.
   b. Agent de presse.
   c. Agent secret.

2. Au service de qui est-il?

    a. La reine d'Angola.
    b. La reine d'Angleterre.
    c. La reine d'Allemagne.

3. Par qui a-t-il été entraîné?

    a. Par les meilleurs préfets.
    b. Par les meilleurs experts.
    c. Par les meilleurs suspects.

4. Dans quelles catégories des arts martiaux a-t-il été entraîné?

    a. Le yoga et le karaté.
    b. Le judo et le karaté.
    c. Dans un état démonstratif.

5. Qu'est-ce qu'il a appris à piloter?

    a. Des avions, des voitures, des bestiaux.
    b. Des avions, des voisins, des bateaux.
    c. Des avions, des voitures, des bateaux.

6. Quel titre lui a-t-on accordé?

    a. 017.
    b. 707.
    c. 007.

7. Qu'est-ce qu'on lui a accordé de plus?

    a. Des droits spécieux.
    b. Des droits spéciaux.
    c. Des droits sceptiques.

8. James Bond a aussi la réputation d'être...

    a. un gros gourmet.
    b. un grand gourmand.
    c. un grand gourmet.

9. Et il est aussi un fin...

    a. connaisseur de vent.
    b. connaisseur de vins.
    c. connaisseur de vingt.

CHAPITRE 19 *Les villages*

EXERCICES DE LABORATOIRE

A. Scénario. Listen as the students visit a French village and meet the mayor. You may **not** understand every word, but you should be able to follow the story line.

B. A vous maintenant! Listen again to the **scénario** and repeat during the pauses. Pay particular attention to pronunciation and intonation.

C. A choisir. Circle the verb whose meaning best fits each description. Follow the model.

Modèle: On fait ça avec un bouquet de fleurs.
offrir

1. couvrir   ouvrir   découvrir   souffrir   offrir

2. couvrir   ouvrir   découvrir   souffrir   offrir

3. couvrir   ouvrir   découvrir   souffrir   offrir

4. couvrir   ouvrir   découvrir   souffrir   offrir

5. couvrir   ouvrir   découvrir   souffrir   offrir

D. Le plus-que-parfait. Listen to the following sentences describing different scenes. Notice that in each case, one action was finished before the next one took place. Circle the verb that represents the action that took place first.

1. faire   arriver

2. finir   revenir

3. danser   venir

4. s'asseoir   sonner

5. partir   entrer

6. finir de jouer   vouloir commencer

E. Les regrets. You will hear several people tell about things that just weren't quite right today. Listen to each statement, decide what the person should have done, and complete the response using one of the phrases from the list. Follow the model.

> faire la sieste
> réserver des places
> prendre de l'aspirine
> s'arrêter à la poste
> répondre au téléphone
> fermer la porte (à clef)
> consulter l'annuaire de téléphone

> *Modèle:* Paul n'avait pas beaucoup d'énergie.
> **Il aurait dû faire la sieste.**

1. Tu _____.

2. Elle _____.

3. Ils _____.

4. Vous _____.

5. Oui, j'_____.

6. Tu _____.

F. Allons encore plus loin. You will hear a passage that expands on this chapter's vocabulary and grammar. Listen carefully as the passage is read twice. You may not understand every word, but you should be able to follow the story line. You will hear a series of questions and possible answers. Based on your understanding of the story, circle the letter of the best answer to each question.

Van Gogh à Arles

1. Où et quand est né Van Gogh?

    a. En Hollande, en 1853.
    b. En France, en 1853.
    c. En Belgique, en 1853.

2. Où s'est-il installé en 1888?

    a. A Arles.
    b. En Alsace.
    c. A Paris.

3. Comment y est-il arrivé?

    a. Dans un autobus.
    b. Dans un état déplorable.
    c. Dans un état démonstratif.

4. Qui fut [a été] le premier et seul membre de l'atelier?

    a. Paul Gauguin.
    b. Paul Bonaparte.
    c. Paul Gaudin.

5. Quelle était l'attitude de Van Gogh à l'égard de son œuvre?

    a. Très modeste.
    b. Très humble.
    c. Très arrogante.

6. Que nous montrent ses tableaux?

    a. Son esprit troublé et un feu à l'intérieur de sa maison.
    b. Son esprit troublé et un feu intérieur.
    c. Son esprit troublé et le feu de son foie.

7. Qu'est-ce qu'il demandait à son frère?

    a. De l'aide monétaire.
    b. De l'aide numéraire.
    c. De l'aide astrologique.

8. Pourquoi Van Gogh a-t-il été interné à l'asile Saint-Paul-de-Mausole?

    a. En raison de troubles financiers.
    b. En raison de troubles psychologiques.
    c. En raison de troubles philosophiques.

9. Quand est-ce qu'il est mort?

    a. Le 29 juillet 1870.
    b. Le 28 juillet 1880.
    c. le 27 juillet 1890.

CHAPITRE Facultatif *Au bureau de poste (suivi de Dîner d'adieu)*

EXERCICES DE LABORATOIRE

A. Scénario. Listen to the conversations surrounding Robert's trip to the post office to send a telegram. You may not understand every word, but you should be able to follow the story line.

B. A vous maintenant! Listen again to the **scénario,** and repeat during the pauses. Pay particular attention to pronunciation and intonation.

C. Au bureau de poste. Different people need to do certain things. Say which of the following things they'll need for each. Follow the model. Choose from this list:

de timbres, d'une boîte aux lettres, d'un taxiphone,
d'un annuaire téléphonique, d'un télécopieur

Modèle: Ma mère voudrait envoyer une lettre.
   Elle a besoin d'une boîte aux lettres et de timbres.

1. Elle a besoin...

2. Il a besoin...

3. Elles ont besoin...

4. Vous avez besoin...

5. Nous avons besoin...

D. Scénario. Listen to the conversations that take place at the students' farewell party. You may not understand every word, but you should be able to follow the story line.

E. A vous maintenant! Listen again to the **Scénario** and repeat during the pauses. Pay particular pattention to pronunciation and intonation.

Mots croisés

CHAPITRE PRELIMINAIRE

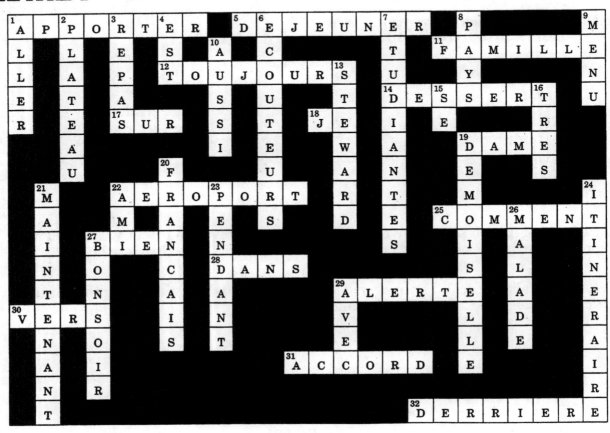

CHAPITRE 1

CHAPITRE 2

CHAPITRE 3

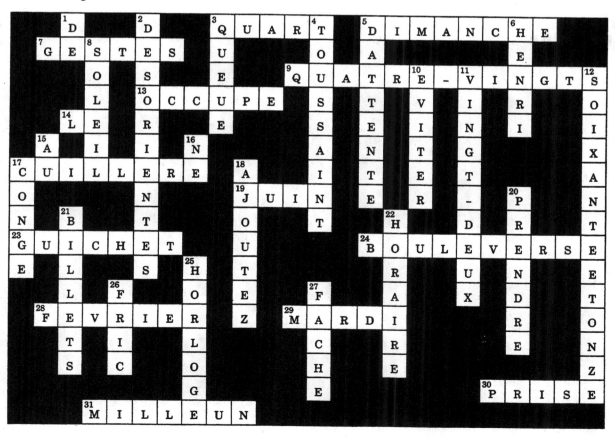

Answers

CHAPITRE 4

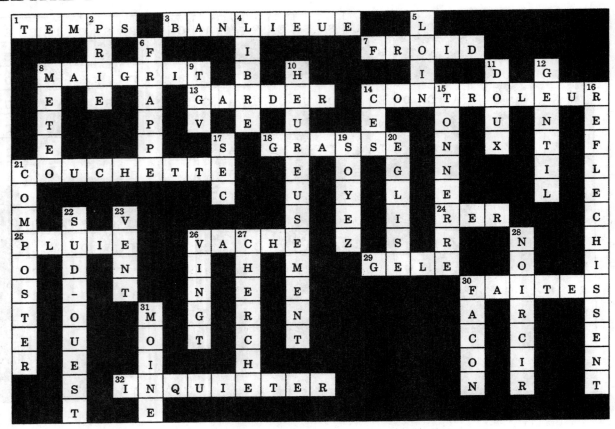

CHAPITRE 5

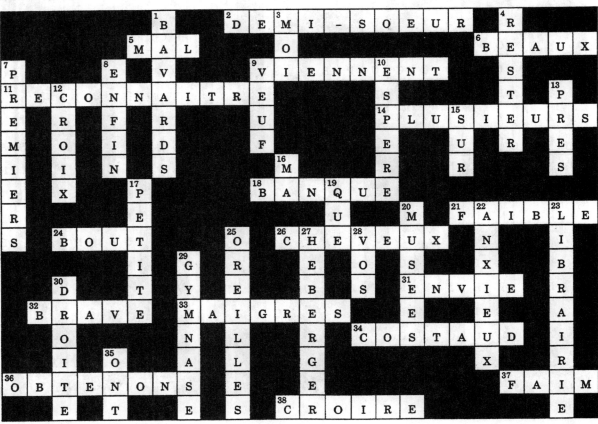

CHAPITRE 6

CHAPITRE 7

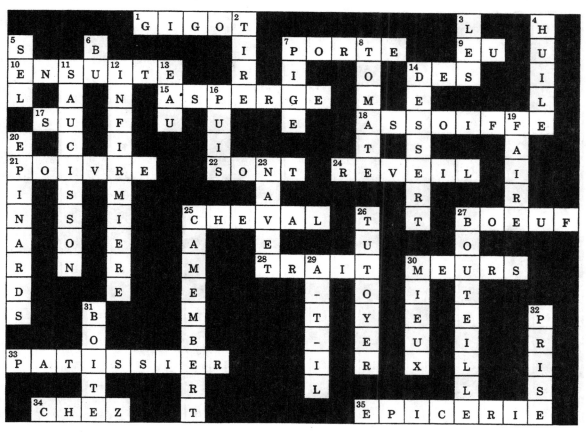

Answers

CHAPITRE 8

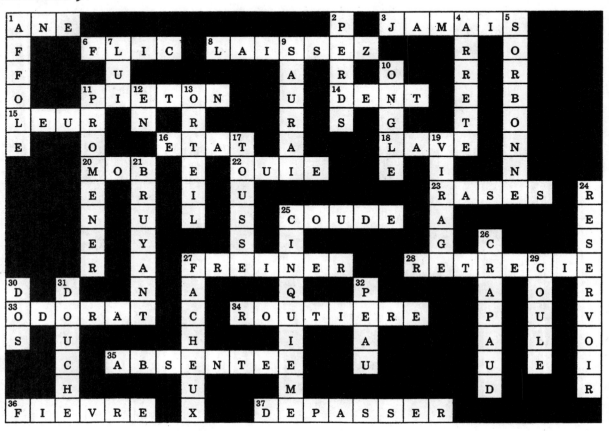

CHAPITRE 9

CHAPITRE 10

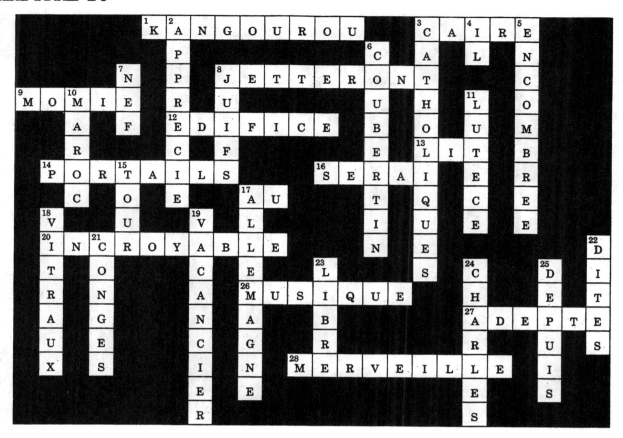

CHAPITRE 11

Answers

CHAPITRE 12

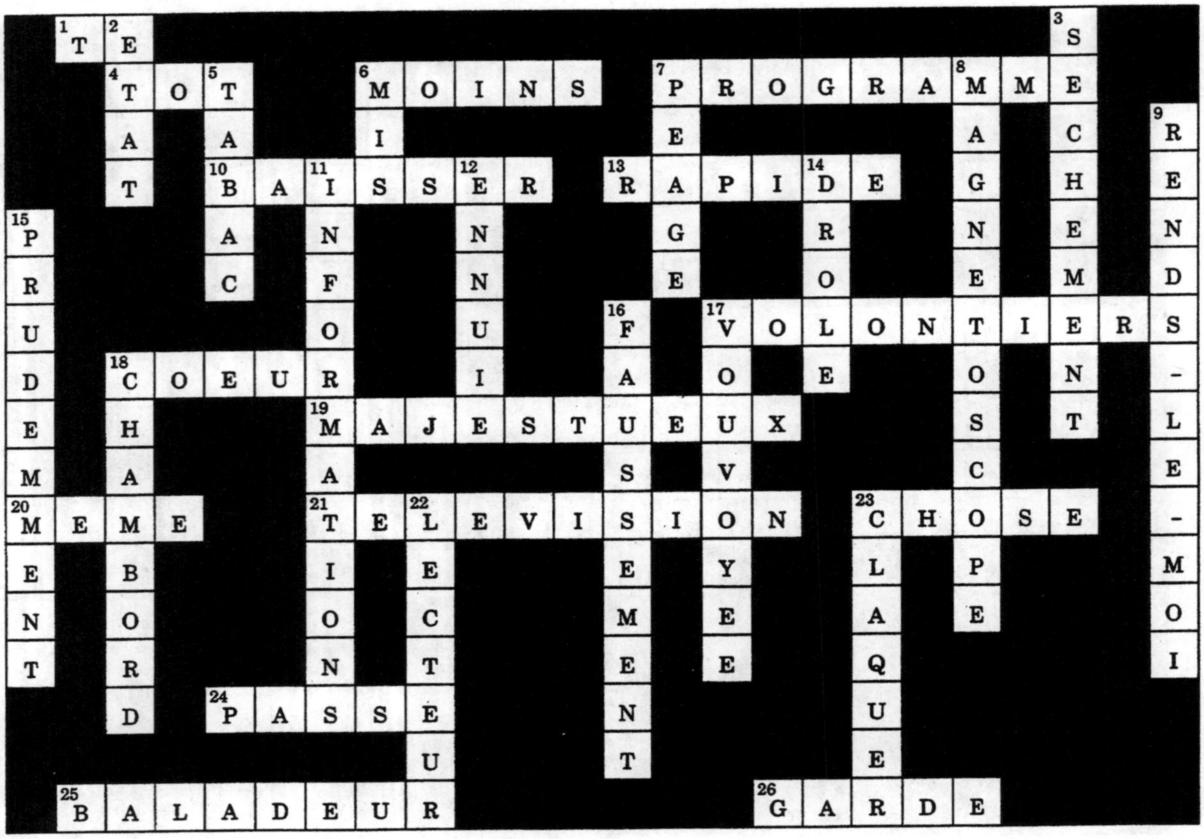
1 TE
2 ETAT
3 SECHEMENT
4 TOT
5 TABAC
6 MOINS
6 MI
7 PROGRAMME
7 PEAGE
8 MAGNETOSCOPE
9 RENDS-LE-MOI
10 BAISSER
11 INFORMATION
12 ENNUI
13 RAPIDE
14 DROLE
15 PRUDEMMENT
16 FAUSSEMENT
17 VOLONTIERS
17 VOUVOYEE
18 COEUR
18 CHAMBORD
19 MAJESTUEUX
20 MEME
21 TELEVISION
22 LECTEUR
23 CHOSE
23 CLAQUE
24 PASSE
25 BALADEUR
26 GARDE

CHAPITRE 13

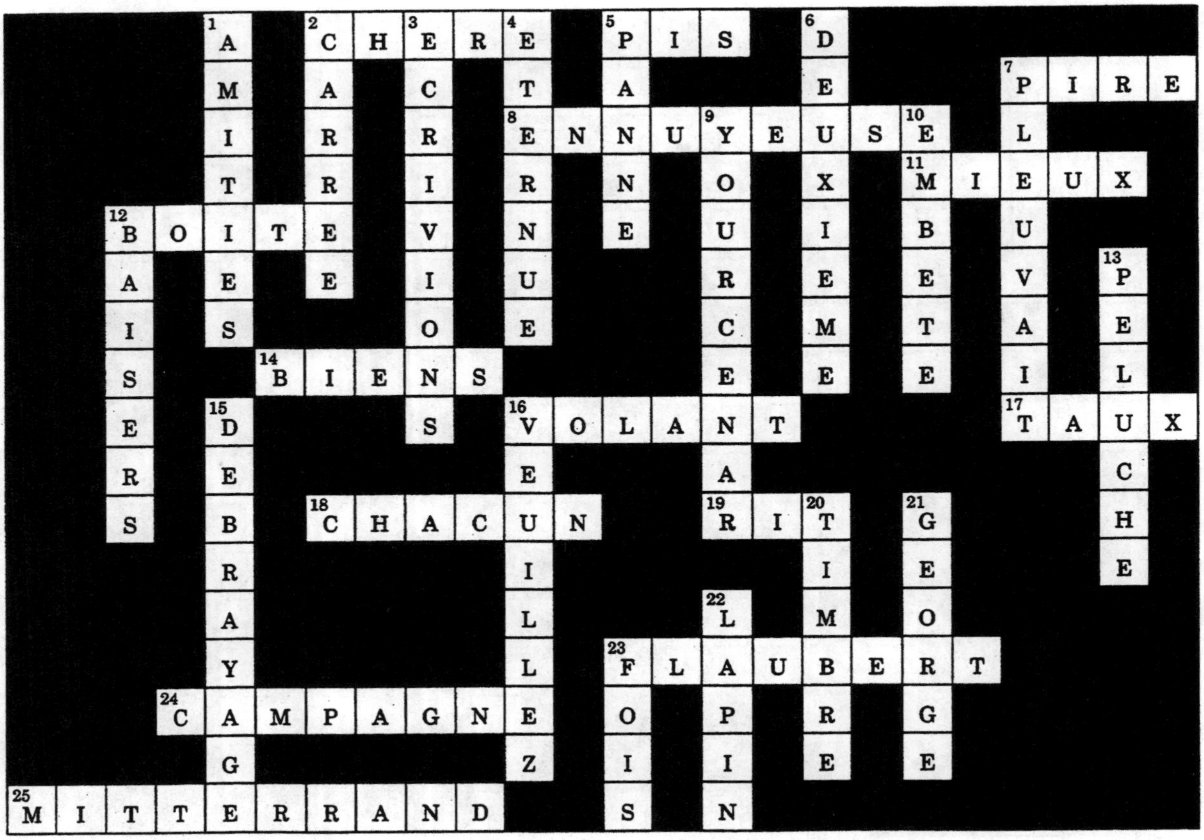
1 AMITIES
2 CHERE
2 CARREE
3 ECRIVIONS
4 ETERNUE
5 PIS
5 PANNE
6 DEUXIEME
7 PIRE
7 PLEUVAIT
8 ENNUYEUSE
9 YOURCENAR
10 EMBETE
11 MIEUX
12 BOITE
12 BAISERS
13 PELUCHE
14 BIENS
15 DEBRAYAGE
16 VOLANT
16 VEUILLEZ
17 TAUX
18 CHACUN
19 RIT
20 TIMBRE
21 GEORGE
22 LAPIN
23 FLAUBERT
23 FOIS
24 CAMPAGNE
25 MITTERRAND

CHAPITRE 14

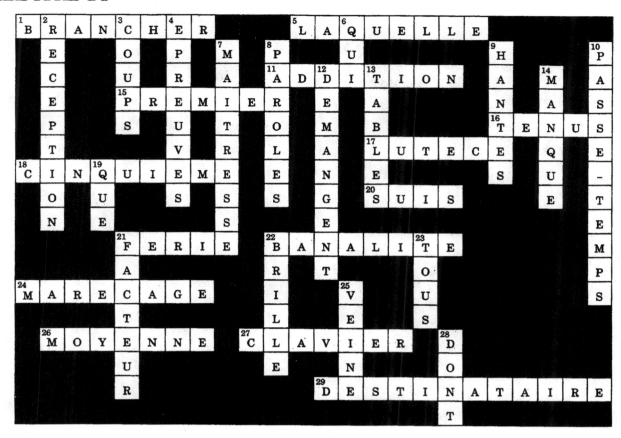

CHAPITRE 15

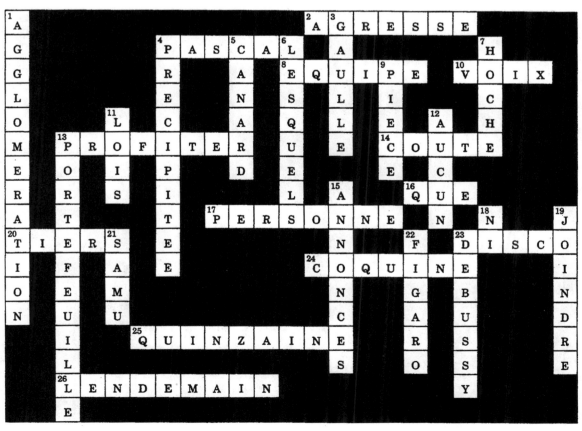

Answers

CHAPITRE 16

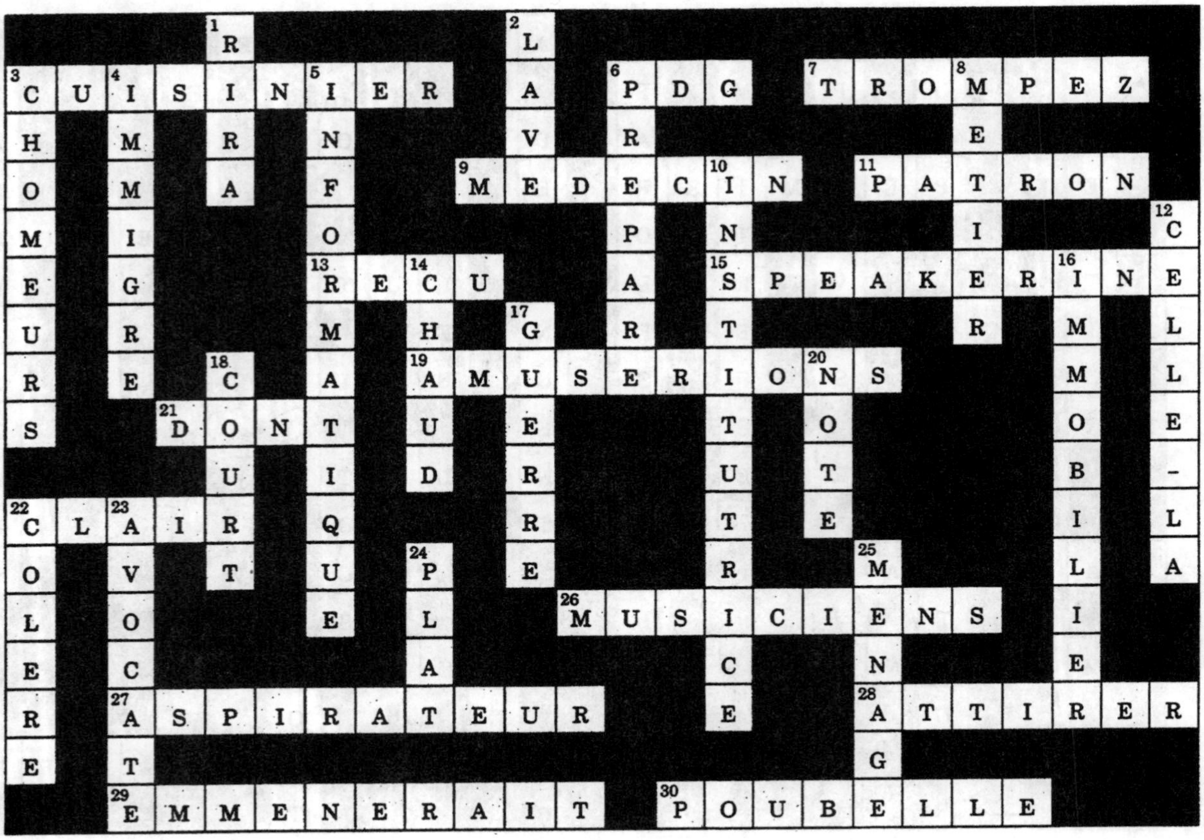

1 RIRA
2 LAVE
3 CUISINIER
3 CHOMEURS
4 IMMIGRE
5 INFORMATIQUE
6 PDG
6 PREPARE
7 TROMPEZ
8 METIER
9 MEDECIN
10 INSTITUTRICE
11 PATRON
12 CELLE-LA
13 RECU
14 CHAUD
15 SPEAKERINE
16 IMMOBILIER
17 GUERRE
18 COURT
19 AMUSERIONS
20 NOTE
21 DONT
22 CLAIR
22 COLERE
23 AVOCAT
24 PLAT
25 MENAG
26 MUSICIENS
27 ASPIRATEUR
28 ATTIRER
29 EMMENERAIT
30 POUBELLE

CHAPITRE 17

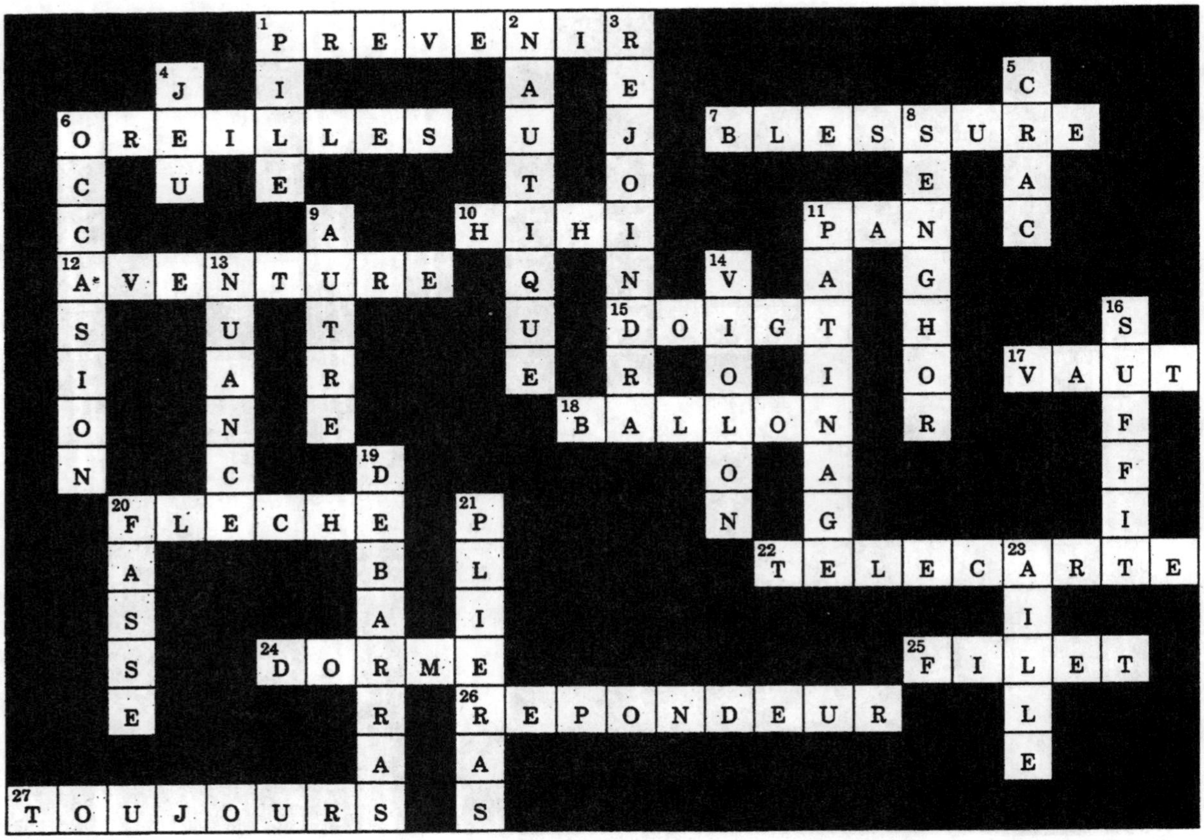

1 PREVENIR
1 PILE
2 NAUTIQUE
3 REJOINDRE
4 JEU
5 CRAC
6 OREILLES
6 OCCASION
7 BLESSURE
8 SENGHOR
9 AUTRE
10 HIHI
11 PAN
11 PATINAGE
12 AVENTURE
13 NUANCE
14 VIOLON
15 DOIGT
16 SUFFIT
17 VAUT
18 BALLON
19 DEBARRAS
20 FLECHE
20 FASSE
21 PLIERAS
22 TELECARTE
23 AILLE
24 DORME
25 FILET
26 REPONDEUR
27 TOUJOURS

CHAPITRE 18

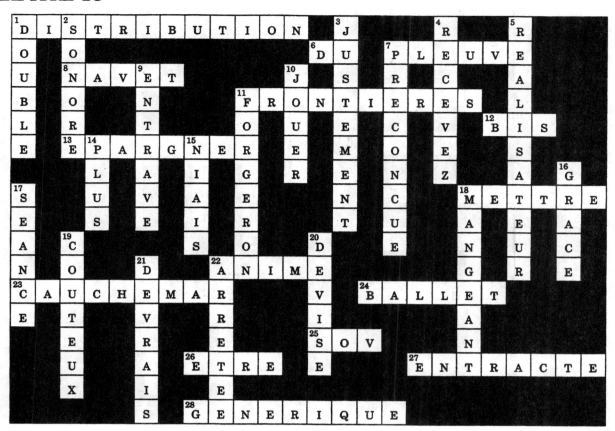

CHAPITRE 19

Answers

CHAPITRE FACULTATIF

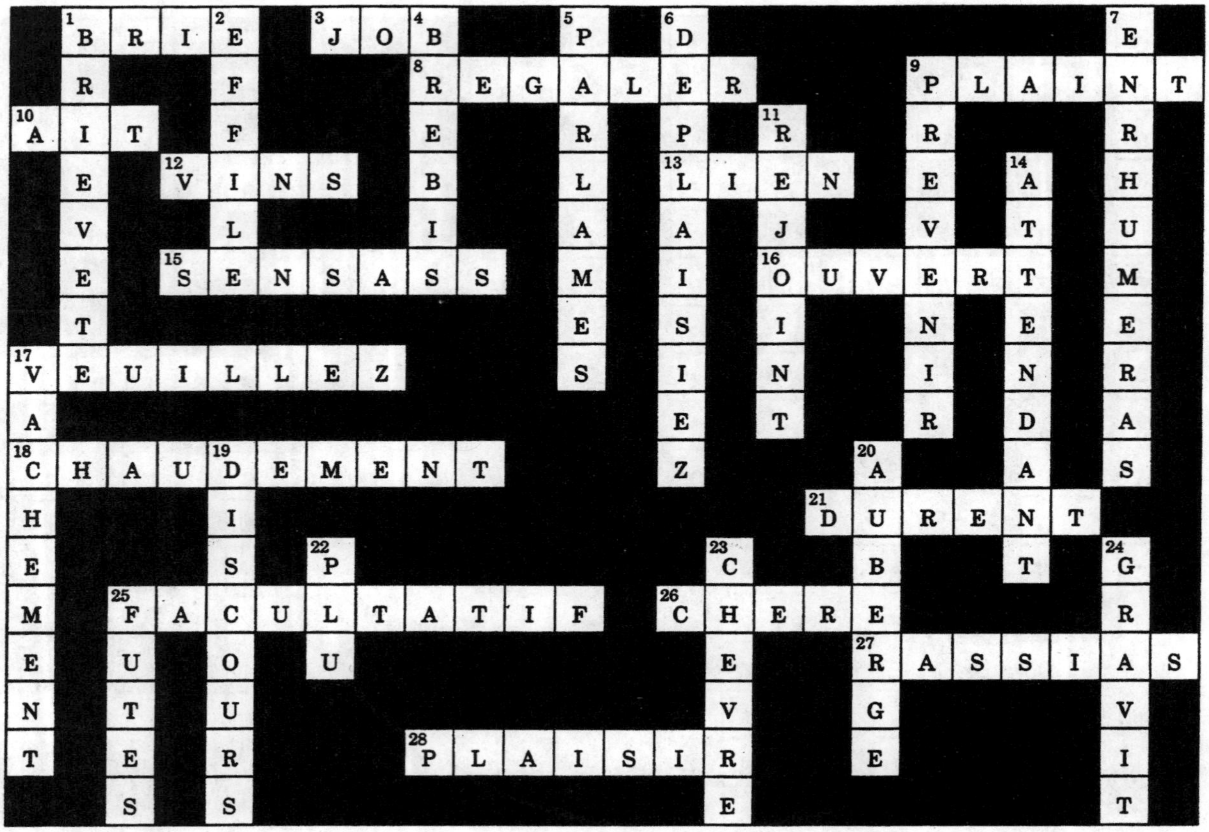

1 BRIE
3 JOB
8 REGALER
9 PLAINT
10 AIT
12 VINS
13 LIEN
15 SENSASS
16 OUVERT
17 VEUILLEZ
18 CHAUDEMENT
21 DURENT
25 FACULTATIF
26 CHERE
27 RASSIAS
28 PLAISIR